互联网金融众筹实务教程

主　编　刘　辉　陈晓华　罗　敏
副主编　涂　勇　王铁军　苏向东
　　　　张保收　袁海涛　焦路静

电子工业出版社
Publishing House of Electronics Industry
北京·BEIJING

内 容 简 介

本书将最复杂的众筹理论简单化,将众筹项目融资业务规范化、流程化,让读者一看就懂,一学就会。在内容安排上,本书将当前众筹领域中最热门的产品众筹和股权众筹独立成章,并结合实际案例,用最通俗的语言、最便捷的流程指导众筹从业者,避免陷入众筹误区。另外,本书全部作者均来自众筹一线,具有极其丰富的众筹实操经验,根据他们的众筹实操经验,独创性地将众筹实操中可能会遇到的众筹法律文书规范化,让读者一目了然,具有极高的指导价值。

本书适合银行、保险、证券、基金、信托等金融行业从业者阅读,也可作为互联网金融行业从业者(如第三方支付、互联网保险、互联网信托、互联网基金、互联网消费金融、P2P、众筹)及互联网金融理论研究者、爱好者的参考用书。

未经许可,不得以任何方式复制或抄袭本书之部分或全部内容。
版权所有,侵权必究。

图书在版编目(CIP)数据

互联网金融众筹实务教程/刘辉,陈晓华,罗敏主编. —北京:电子工业出版社,2017.6
ISBN 978-7-121-31656-2

Ⅰ. ①互⋯ Ⅱ. ①刘⋯ ②陈⋯ ③罗⋯ Ⅲ. ①融资模式—中国—教材 Ⅳ. ①F832.48

中国版本图书馆 CIP 数据核字(2017)第 119387 号

策划编辑:牛平月
责任编辑:张 慧
印　　刷:北京七彩京通数码快印有限公司
装　　订:北京七彩京通数码快印有限公司
出版发行:电子工业出版社
　　　　　北京市海淀区万寿路 173 信箱　邮编 100036
开　　本:720×1 000　1/16　印张:14.75　字数:260 千字
版　　次:2017 年 6 月第 1 版
印　　次:2022 年 12 月第 9 次印刷
定　　价:39.80 元

凡所购买电子工业出版社图书有缺损问题,请向购买书店调换。若书店售缺,请与本社发行部联系,联系及邮购电话:(010)88254888,88258888。
质量投诉请发邮件至 zlts@phei.com.cn,盗版侵权举报请发邮件至 dbqq@phei.com.cn。
本书咨询联系方式:(010)88254454,niupy@phei.com.cn。

序

互联网与金融工具的结合，不仅为普通大众消费者的经济生活提供了极大便利，而且正在改变我国的社会经济发展。互联网金融利用信息通信技术，通过互联网平台把国民经济中各部门、各行业甚至每个自然人连接在一起，对传统行业的经营服务模式进行变革，挖掘互联网潜力，利用金融工具提高金融效率，创新金融服务，丰富金融生态，在原有领域构建出一种新的行业生态，给金融消费者带来更多便利和福利，这也是众筹尤其是股权众筹具有的特征。

众筹的概念古今有之，从字面解读：三人成众，众人筹资。现代众筹指通过互联网方式发布筹款项目并募集资金，最初是艺术家们为创作筹措资金的一个手段，现已演变成为初创企业和个人为自己的项目争取资金的一个渠道，使任何有创意的人都能够向几乎完全陌生的人筹集资金，消除了从传统投资者和机构融资的许多障碍。

互联网时代，尤其是移动互联网时代，网络和通信工具的应用给众筹插上了智能的翅膀，激发了这种融资模式的巨大潜力，使其逐渐展露强大威力。互联网工具的应用使众筹较传统融资模式表现出明显优点：大众、小额、快速、高效。

互联网金融热门的小额借贷交易P2P金融属于众筹模式里的债权众筹，真正体现众筹本质的P2P平台正在逐步走上正轨，成为金融市场里非常有生命力的一块领地。股权众筹领域魅力无可阻挡，作为未来众筹模式的主流，被誉为中国多层次资本市场的"新五板"。产品众筹、公益众筹更是贴近百姓日常生活，创造了一个又一个商业神话，让众筹理念更容易赢得群众基础，起到了普惠金融教育的作用。

众筹不仅是一种融资工具，也是一种商业模式；不仅是一种社交工具，也是一种推广方式，每种众筹都具有其特有的商业模式。例如，产品众筹不仅具备集资功能，也是一种营销手段；社群众筹、中国式众筹更是提出"筹人、筹智、筹资、筹市场、筹品牌、筹圈子"的理念，让众筹成为创新创业的利器，甚至带来组织创新，或将改变商业生态。

国家现在大力提倡创新创业，提出了"众筹、众包、众扶"的口号。对于缺乏有效融资渠道的创业者和小微企业，借助众筹的模式可以获取资金，实现其创新创业梦想，普通民众通过众筹投资也有机会参与支持创新创业从而获取利益。众筹作为金融工具，对于资源配置而言是一个优良渠道。同时，由于缺乏规则和有效监管，民众识别能力有限，众筹被少数人利用，成为其圈钱的工具，出现了一些借众筹名义进行非法集资的骗局。另外，众筹也不是阿拉丁神灯，并不是每个人、每个项目都能通过众筹融来资金，很多众筹项目以失败告终，一些众筹平台也因为商业模式上的缺陷和风控措施不当而无法良好经营。

众筹看起来很美，虽有诸多亮点和卖点，但同时也有很多难点和痛点。本书正是站在普惠金融教育的风口上，普及众筹理念，创新融资模式，设计众筹方案，激活社群资源，从解决实际问题出发，不仅梳理众筹理论，更强调众筹实务，在认知和实操两个层面上让读者心中的众筹不再成为"众愁"。

从了解众筹概念、思想到制定实施众筹方案，本书无疑为读者提供了极好的参考和指导，并侧重介绍读者最感兴趣的股权众筹和产品众筹的操作实务，以及众筹平台的搭建和运作。希望通过本书的详尽解释，能够让众筹的思想为更多读者领会并传播，让更多人感受到众筹的魅力和益处，让更多有梦想的创业者能够运用众筹这一强大的工具，达成融资融智成功创业的目标。

众筹首先将创业者从融资的红海困境带入蓝海的游刃有余，在后续的创业过程中也能够引导其从商业红海的竞争厮杀转到蓝海的合作共赢。当然，要想众筹发挥功效，不仅需要创业者将众筹做好，也需要社会契约精神的培养,以及政府创造一个既宽松又严格的大环境。

对于企业,同样需要了解众筹的运作模式和机理,认识众筹的社会效应及其在商业上的巨大威力,研究用众筹的理念进行商业模式和组织创新,以适应技术变革、社会发展的需要,才能在共享经济时代的浪潮中博得先机、获取利益。

对于个人,众筹已经随着移动通信工具的强大传播能力逐渐成为大众生活中接触到的一种常态,如产品众筹、公益众筹、债权众筹。未来股权众筹将直接影响家庭资产的配置和优化,甚至改变个人的工作和生活方式。

对于众筹,一切都在路上。展望众筹未来,我们满怀期待!

北邮在线互联网金融教育学院

前　言

互联网金融是指金融机构与互联网企业利用互联网技术和信息、通信技术实现资金融通、支付、投资和信息中介服务的新型金融业务模式，是传统金融行业与互联网技术相结合的新兴领域，其中一个重要形式就是众筹。在"互联网+"及"双创"等国家政策的助推下，众筹作为一种直接的互联网金融融资模式，越来越受到大众的关注与认可，未来的发展潜力不可估量。无论是在推动社会创新创业大潮，还是在激活社会资本参与实体经济建设方面，众筹都发挥着难以替代的作用。

作为新生事物，众筹也面临着成长过程中的巨大挑战。在创新和规范的过程中，众筹既取得了辉煌成绩，也经受着风险考验。众筹的健康有序发展，需要大众的正确理解和支持，更需要一批真正懂得众筹的人士积极努力推动，这就是普惠金融教育的目标，也是本书的使命所在。

根据侧重实务的理念，本书章节内容如下。

第 1 章，众筹发展简史，描述众筹的起源以及国内外众筹行业的发展和现状；第 2 章，众筹模式与类型，介绍当今主流的众筹模式（捐赠、奖励、股权、债权）及其具体的定义、应用和分类；第 3 章，股权众筹项目操作实务，介绍股权众筹的概况、特点、业务流程及风险防控；第 4 章，产品众筹项目操作实务，阐述产品众筹的意义、业务流程和风险防控，以及具体实操案例；第 5 章，股权众筹业务流程，详尽解释有领投和无领投股权众筹业务的具体流程；第 6 章，众筹平台创建、运营与监管，分别介绍国内外一些众筹平台的情况、特色及运作模式；第 7 章，众筹典型案例解析，分析"三个爸爸"空气净化器众筹、罗辑思维社群众筹和"小菊咖啡"众筹三个典型案例；附录 A、附录 B 分别给出众筹监管规范性文件和股权众筹项目规范性协议的参考文本。

本书既可作为对众筹感兴趣人士、投资人及相关互联网金融从业者的参考书，也可作为相关领域的机关、企事业单位培训用书，还可以作为大专院校互联网金融课程教材。同时，这也是一本学习众筹必备的科普书籍。当然，本书所介绍的众筹平台与实操案例仅为教学需要，是为了更好地帮助读者理解相关原理，读者在实际投资活动中应根据自己的判断和相关政策谨慎把握。

本书是多位行业人士智慧和经验的结晶，主要由刘辉、陈晓华、罗敏编写而成，苏向东、王铁军、张保收、袁海涛、涂勇、焦璐静分别参与了部分章节的编写工作。

另外，本书的编写得到了"北邮在线"于斌老师、陈晓华老师、白静老师和金瑜老师的大力支持与帮助，北京大学光华管理学院博士后罗敏老师从本书的策划到通稿，也付出了巨大的努力，在此一一谢过。

由于众筹行业发展迅猛，加上编者水平有限，书中难免存有不足之处，还请广大读者不吝赐教。

编　者

2017 年 5 月 10 日

目　录

第1章　众筹发展简史 /1

　1.1　众筹概况 /1

　　1.1.1　众筹的定义 /1

　　1.1.2　众筹的起源 /1

　　1.1.3　众筹的发展 /2

　1.2　众筹的现状 /4

　　1.2.1　全球众筹现状 /4

　　1.2.2　国内众筹现状 /5

　1.3　众筹亮点与卖点 /7

第2章　众筹模式与类型 /12

　2.1　众筹模式分类 /12

　2.2　众筹的投资模式 /13

　　2.2.1　债权模式 /13

　　2.2.2　股权模式 /14

　2.3　众筹的购买模式 /19

　　2.3.1　捐赠众筹模式 /19

　　2.3.2　奖励模式 /22

第3章　股权众筹项目操作实务 /26

　3.1　股权众筹的概况 /26

　　3.1.1　定义 /26

　　3.1.2　分类 /26

　　3.1.3　参与主体 /27

　　3.1.4　运作流程 /27

　　3.1.5　股权众筹运营的不同模式 /28

3.1.6　出资人的利益保护 /30
　3.2　股权众筹的特点 /32
　　　3.2.1　股权众筹的优点 /32
　　　3.2.2　股权众筹与其他股权投资的区别 /33
　3.3　股权众筹需要思考的五个问题 /34
　3.4　股权众筹的运作流程 /35
　3.5　股权众筹平台的业务流程 /36
　3.6　股权众筹商业计划书的填报要求 /39
　3.7　股权众筹的风险管理与防控 /42
　　　3.7.1　股权众筹的风险 /42
　　　3.7.2　股权众筹在不同运行阶段的风险 /48
　　　3.7.3　股权众筹投资的风险来源 /50
　　　3.7.4　股权众筹的风险管理与控制 /51
　　　3.7.5　股权众筹涉及的法律风险 /54
　3.8　股权众筹专家论道 /59
　3.9　"互联网+"或让股权众筹爆发一场大变革 /65
　3.10　世界各国对股权众筹的法律监管 /74
　3.11　中国股权众筹展望与思考 /80

第4章　产品众筹项目操作实务 /95

　4.1　产品众筹操作实务 /95
　　　4.1.1　产品众筹的意义 /95
　　　4.1.2　产品众筹流程 /96
　　　4.1.3　产品众筹注意事项 /98
　4.2　产品众筹实操流程 /101
　　　4.2.1　项目发起须知 /101
　　　4.2.2　项目发起流程 /109
　　　4.2.3　众筹维护须知 /110
　4.3　产品众筹实操案例 /113

4.3.1　iMagic 智能灯众筹 /113

4.3.2　二孩众筹 /118

第 5 章　股权众筹业务流程 /121

5.1　无领投股权众筹业务流程 /121

5.2　"领投+跟投"股权众筹业务流程 /122

5.3　如何选择众筹平台 /124

第 6 章　众筹平台创建、运营与监管 /128

6.1　众筹平台概要 /128

6.2　众筹平台典型实例 /129

6.2.1　Kickstarter /129

6.2.2　Crowdcube /131

6.2.3　HeadTalker /132

6.2.4　Seedrs /133

6.2.5　2016 年国内十大众筹平台排名 /134

6.3　众筹平台创建 /138

6.3.1　众筹平台创建的层级设计 /138

6.3.2　众筹平台创建的结构设计 /139

6.4　众筹平台运营 /139

6.5　众筹平台监管 /140

6.6　众筹平台发展趋势 /140

第 7 章　众筹典型案例解析 /142

7.1　第一个筹资过千万元的众筹项目——"三个爸爸"空气净化器 /142

7.1.1　众筹起源 /142

7.1.2　众筹成功 /143

7.1.3　原因分析 /143

7.2　神奇的"罗辑思维" /145

7.2.1　罗胖赢了 /145

7.2.2　史上最无理的会员招募 /147

7.2.3 原因分析 /147

7.3 "小菊咖啡"一周筹资 540 万元人民币的内幕 /149

7.3.1 "小菊咖啡"起源 /149

7.3.2 众筹成功 /150

7.3.3 原因分析 /152

附录 /155

附录 A 众筹监管规范性文件 /155

附录 B 众筹项目规范性协议参考文本 /168

B.1 投资入股意向书 /168

B.2 股权代持协议 /170

B.3 股东出资证明书 /175

B.4 实体店众筹协议 /176

B.5 股权认购协议书 /180

B.6 合伙协议 /184

B.7 ＿＿＿＿＿＿有限公司董事会决议 /196

B.8 ＿＿＿＿＿＿有限（责任）公司章程 /197

B.9 ＿＿＿＿＿＿有限公司股东会决议 /205

B.10 出资证明书 /206

B.11 股东名册 /207

B.12 ＿＿＿＿＿＿有限公司 /208

B.13 同意股权转让说明书 /209

B.14 执行董事、总经理任职书 /210

B.15 ＿＿＿＿＿＿公司监事会决议 /211

B.16 合伙人（股东）承诺函 /212

B.17 委托平台众筹融资协议 /213

B.18 投资风险告知函 /217

B.19 认证投资人使用协议 /219

B.20 领投人的资格认定及投资流程 /221

参考文献 /223

第1章 众筹发展简史

1.1 众筹概况

1.1.1 众筹的定义

众筹（crowdfunding）作为网络商业的一种新模式，来源于"众包（crowdsourcing）"。与"众包"的广泛性不同，众筹主要侧重于资金方面的帮助。众筹是指项目发起人通过利用互联网和 SNS（Social Networking Services）传播的特性，发动众人的力量，集中大家的资金、能力和渠道，为小微企业、艺术家或创意者进行某项活动、某个项目，以及创办企业提供必要的资金援助的一种融资方式。

1.1.2 众筹的起源

众筹融资雏形可追溯至18世纪欧洲文艺作品的订购。例如，在文艺作品创作前寻找订购者提供创作经费，待作品完成时，回赠一本附有创作者亲笔签名的著作、协奏曲乐谱副本或享受音乐会首场演出欣赏资格等。

1713年，英国诗人亚历山大·蒲柏着手将15693行的古希腊诗歌翻译成英语。他花费近5年的时间完成了注释版的《伊利亚特》，并因此荣登英国桂冠诗人的宝座。启动翻译计划之前，蒲柏即承诺在完成翻译后向每位订阅者提供一本六卷四开本的早期英文版的《伊利亚特》，这一创造性的承诺带来了575名用户的支持，共筹集了4000多几尼（旧时英国的黄金货币）帮助他完成翻译工作，这些支持者的名字也被列在了早期翻译版的《伊利亚特》中。

1783 年，莫扎特想要在维也纳音乐大厅表演最近谱写的三部钢琴协奏曲，当时他邀请了一些潜在的支持者，并愿意向这些支持者提供手稿。第一次寻求赞助的工作并没有成功。一年以后，当他再次发起"众筹"时，176 名支持者才使他的这个愿望得以实现，这些人的名字同样也被记录在协奏曲的手稿上。

1885 年，诞生了一个很具影响力的众筹项目。为庆祝美国的百年诞辰，法国赠送给美国一座象征自由的罗马女神像，但是这座女神像没有基座，也就无法放置到纽约港口。约瑟夫·普利策，一名《纽约世界报》的出版商，为此发起了一个众筹项目，目的是筹集足够的资金建造这个基座。普利策把这个项目发布在了他的报纸上，承诺对出资者做出奖励：只要捐助 1 美元，就会得到一个 6 英寸的自由女神雕像；捐助 5 美元就可以得到一个 12 英寸的雕像。项目最后得到了全世界各地超过 12 万人次的支持，筹集的总金额超过十万美元，为自由女神像顺利竣工做出了巨大贡献。《纽约世界报》和普利策为此赢得了美国民众的尊敬和爱戴。

2009 年，当今影响力最大的众筹网站美国 Kickstarter 诞生了，也被许多人认为是互联网众筹的起源。事实上，世界上最早建立的众筹网站是 ArtistShare，该网站于 2001 年开始运营，被称为"众筹金融的先锋"。与西方众筹的历史渊源相吻合，这家最早的众筹平台主要面向音乐界的艺术家及其粉丝。ArtistShare 公司的 CEO 创建这家公司时的想法是支持粉丝们资助唱片生产的过程，使其获得仅在互联网上销售的专辑；艺术家通过该网站采用"粉丝筹资"的方式资助自己的项目，粉丝们把钱直接投给艺术家后可以观看唱片的录制过程。

1.1.3 众筹的发展

众筹融资的发展速度是值得肯定的，无论是众筹网站数量抑或是筹资数额都得到了较快增长。据来自行业网站 crowdsourcing.org 的报告显示，2011 年，全球众筹网站数量超过 450 个，募集资金总额 14.7 亿美元；2012 年，众筹网站数量超过 700 个，募资达 26.6 亿美元；2013 年，在线众筹平台已经超过了 2000 个。

另据美国市场研究公司——Massolution 估算，2013 年全球众筹网站募资总金额突破 51 亿美元，成功融资的项目突破 100 万个。截至 2014 年 3 月，Kickstarter 公司自成立以来不到 5 年的时间里共筹集资金高达 10 亿美元。其中，2013 年，Kickstarter 公司为近 2 万个项目筹措了 4.8 亿美元资金，较 2012 年其支持项目和提供资金分别增长 11.1%和 50%。在国内，以 2011 年 7 月上线的点名时间和 2013 年 2 月上线的众筹网为例，2013 年，点名时间两个最轰动的项目"十万个冷笑话"和"大鱼·海棠"单个募资均在 100 万元人民币以上。众筹网作为后来者，凭借"那英演唱会"、"快男电影"等名人项目迅速抢占眼球，联合长安保险推出的"爱情保险"项目筹资更是超 600 万元人民币，创国内最高筹资记录。

由于众筹网站数量不断增加，行业内竞争不可避免，众筹融资发展趋势呈现三个鲜明特征。第一个特征是抢占国内市场，积极开拓国外市场。Kickstarter 公司在 2012 年登陆英国之后，2013 年又在澳大利亚和新西兰发起项目。美国另一个著名众筹网站——Indiegogo，自 2008 年成立伊始就坚持走国际化路线，早已在法国等欧洲国家拓展了业务。目前，增加语言服务、支付币种和支付方式成为 Indiegogo 发展的首要工作。第二个特征是除综合性众筹网站之外，出现了专注细分领域的平台。例如，Appsplit 主要为移动应用项目募资，国内的乐童音乐和淘梦网则分别专注于音乐项目和微电影项目。第三个特征是股权众筹平台发展迅猛。据 2013 年 10 月世界银行发布的《发展世界中众筹潜力报告》显示，2009 年至 2012 年期间，众筹平台的年复合增长率为 63%。发展最快的是基于预购或奖励的回报众筹平台，因其约束较小，增长率为 524%，股权众筹平台排名第二，为 114%。2010 年上线的知名股权众筹平台 AngelList 为超过 1300 家企业完成股权融资，募资高达 2 亿美元，目前单天融资额超 100 万美元。

与国外相比，众筹融资在国内可以说尚处于萌芽状态，且参与者较少，筹资额度较小，国内整个行业尚未出现可以与 Kickstarter 相媲美，具有较大市场影响力的标杆平台。当然，这与国外成熟的信用环境，以及较为完备的法律体系有着密切联系。

1.2 众筹的现状

1.2.1 全球众筹现状

近年来，全球众筹公司数量呈现快速增长的趋势。如图 1-1 所示，根据中商产业研究院提供的数据可知，截至 2014 年年底，全球共有 1196 家众筹公司，同比增长 34.53%。而到了 2015 年年底，全球众筹公司就达到了 1544 家，同比增长 29.10%。

数据来源：中商产业研究院

图 1-1 2010—2015 年全球众筹公司数量及增长率变化趋势图

全球众筹行业融资规模呈现出指数性增长趋势。如图 1-2 所示，根据中商产业研究院提供的数据可知，到 2014 年年底，全球众筹融资规模就达到 162 亿美元，同比增长 165.57%。到 2015 年年底，全球众筹融资规模比 2014 年增长 2 倍多，总额达 344 亿美元，同比增长 112.35%。

数据来源：中商产业研究院

图1-2　2010—2015年全球众筹融资规模及增长率变化趋势图

1.2.2　国内众筹现状

如图 1-3 所示，根据中商产业研究院提供的数据可知，截至 2015 年 12 月 31 日，我国互联网众筹平台（不含港台澳地区，下同）至少有 365 家，其中，2015 年上线的平台有 168 家，较 2014 年小幅增长 7.0%。由此可知，一方面，最近半年新入场的机构呈大幅减少趋势；另一方面，至少已有 84 家平台停运、倒闭或转型做其他业务，约占平台总数的 23.0%。

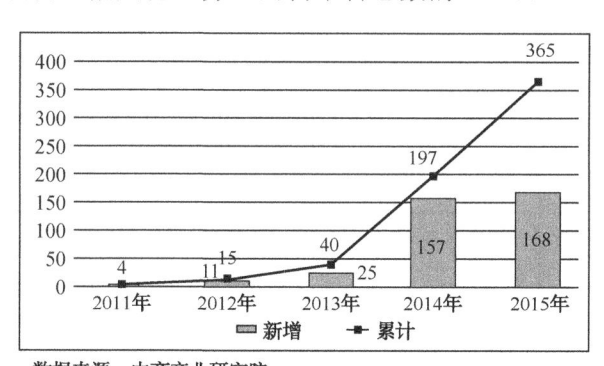

数据来源：中商产业研究院

图1-3　2011—2015年中国众筹平台数量变化趋势图

2015 年是我国互联网众筹快速发展和积极变革的一年，随着平台数量的大幅增加，以及电商巨头、科技媒体、传统金融机构的强势发力，行业整体规模急剧扩大，格局也发生重大变化。

产品众筹累计筹款额超过 30 亿元人民币，京东和淘宝双寡头合计占到 70%~80%的市场份额，"二八"格局初露端倪。一些优秀的平台积极探索新模式，努力打造新生活方式入口，重参与、重品味、重乐趣、重场景，而非单纯地重回报（如开始众筹、DREAMORE）；向纵深方向发展，积极整合上下游产业链资源，提供除资金之外的人才、渠道、传播等多元化服务，创造和分享附加价值（如京东、淘梦）。

2015 年，股权众筹年度规模在 50~55 亿元人民币之间，约为 2014 年的 4~5 倍，京东、36 氪等新锐平台后来居上，各类机构加紧布局，行业仍处于跑马圈地的阶段。股权众筹平台致力于培育、积累新型融资者和投资者，为项目方提供孵化资源、成长支持等，为投资者提供项目筛选、投后管理等一站式服务。拥有优质资源的电商巨头优势明显，京东金融打造众创生态圈，已覆盖京东各类资源、投资、全产业链服务、培训等体系；阿里系的蚂蚁达客及其战略投资的 36 氪，围绕自身生态圈大范围布局。其他平台在充分利用自身资源的基础上通过对外合作建立优势，与大量的创投机构对接项目，与同行建立战略合作关系，共享项目和投资人资源。

众筹的发展得到政府支持，关于众筹的相关政策见表 1-1。

表 1-1　关于众筹的相关政策

时　　间	政　策　内　容
2014 年 11 月，国务院常务会议	提出建立资本市场小额再融资快速机制，首次提出"开展股权众筹融资试点"
2015 年 3 月 14 日，十二届全国人大三次会议	《政府工作报告》，明确把"股权众筹融资试点"列为 2015 年金融改革的内容之一
2015 年 3 月 23 日，国务院	《关于深化体制机制改革加快实施创新驱动发展战略的若干意见》，意见指出：开展股权众筹融资试点，积极探索和规范发展服务创新的互联网金融
2015 年 6 月 11 日，国务院	《国务院关于大力推进大众创业万众创新若干政策措施的意见》，意见指出：丰富创业融资新模式，支持互联网金融发展，引导和鼓励众筹融资平台规范发展，开展公开、小额股权众筹融资试点，加强风险控制和规范管理

续表

时间	政 策 内 容
2015年9月16日,国务院常务会议	提出部署建设大众创业万众创新支撑平台,利用"互联网+",积极发展众创、众包、众扶、众筹等新模式
2015年9月26日,国务院	《关于加快构建大众创业万众创新支撑平台的指导意见》,意见指出:稳健发展众筹,拓展创业创新融资,积极开展实物众筹,稳步推进股权众筹,规范发展网络借贷

1.3 众筹亮点与卖点

众筹经过近两年的飞速发展,已经涌现出了一批具有鲜明特色的众筹平台,也孵化出了一些广受追捧的众筹项目。跨界众筹、产业众筹、单点众筹、连锁众筹等形式,让人眼花缭乱,心潮澎湃。

在点燃创业者和小微企业资本梦的同时,众筹路在何方?众筹如何布局?众筹如何才能真正实现筹人、筹智、筹钱、筹市场、筹品牌、筹圈子?众筹如何才能保证项目方和投资人的合法权益?众筹如何才能保证投资价值回报和股权安全退出?

作为众筹参与者、创新者,本书作者认为:众筹生逢其时,前途光明。但是,众筹在发展过程中所遇到的瓶颈问题,也亟待解决和突破,不容忽视。

众筹项目发起人和众筹平台运营者应在以下五个方面做好众筹、放大平台,才能凸显众筹的亮点和卖点。

1. 参与主体全程化

在国内传统行业难以为继的情况下,众筹被众多创业者和小微企业看作解决融资难题、创业创新创富的"指路明灯"。

以股权众筹为例,作为投资人,之所以追捧项目,有以下几个原因值得探究。

（1）基于社群关系，投资人往往与项目方是同学关系、师生关系、宗亲关系或原单位同事（如百度系的"百老汇之家"、腾讯系的"单飞的企鹅"和华为系的"华友会"等）。

（2）投资人对该项目的成长性、创新性，以及团队运营能力、风控能力非常看好，愿意支持，以期取得较大回报。

（3）一些思维活跃的天使投资人，愿意通过参与具体的众筹项目，对众筹项目全程体验，作为筛选优质项目的捷径。

股权众筹融资的魅力之一就是能够解决信息对称。有一定客户积累和品牌影响力的众筹平台，会及时向投资人推荐大量的、优质的、匹配度高的众筹项目，供投资人从容选择，从而大大改善了天使投资人与创业者的沟通成本和信任问题。

众筹尤其是股权众筹融资具有很强的参与感，随着众筹项目的推进，投资人的角色会从项目参与者发生转变，如从最开始的投资人角色转变成管理者（当投资人具备项目方所需的某种能力或特殊优势时，如技术、产品、运营、风控），再从管理者角色转变成创意策划者、产品测试者、用户体验者、销售者、渠道合作者、品牌推广者、活动组织者、舆情监督者及新项目发起者等，甚至会集多种身份于一体。

从股东会、董事会、监事会的组建到完善，再到股东会、董事会、监事会议事规则的细化到项目落地，一系列游戏规则的达成，合伙协议的完善，财务制度的公开，以及众筹项目的推进，只有让投资人（即股东）完全参与进来，集思广益，真正享有话语权、建议权、监督权和表决权，才能对项目更有利。

2. 投资价值多元化

众筹之所以好玩，除了参与主体身兼多重身份，需要全程参与项目外，众筹参与者的投资价值回报体系具有多元化特色，这是传统投资逻辑不能实现，也无法实现的。

例如，在房地产项目中，开发商把普通商业地产打包成中高端理财产品，根据市场调研和用户消费能力和需求分析，将传统意义上的购房人变成 VIP 客户（即股东），VIP 客户只需支付很少的费用，如 10%甚至 5%，由开发商代为其理财。一方面解决购房人买房或租房刚需，另一方面，购房人作为股东享有项目的知情权和一定的收益权。更为重要的是，根据积分制度，股东还可以享受到子女入学、大病医疗和留学移民等系列超值实惠，而不仅是业主与开发商（或物业公司）之间冷冰冰的买卖关系。

参与者不是简单意义上的产品预购人或消费者，而是真正的主角，除了能以极低的价格拿到预购的产品、享受到定制化的服务外，甚至能够左右产品的测试、研发、市场推广及定价策略等一系列进程，彻底改变了传统意义上的生产厂家研发产品，找渠道合作，解决库存产品，低价促销等劣势，而是首先拿到一笔钱，根据海量黏性极强的用户需求批量定制产品，既砍掉了各种渠道成本，又极大地方便了产品预购人或消费者的消费需求，从而达到平台、投资人、项目方甚至供应商（或服务商）多赢的局面，从而助推众筹项目从一个社群交叉走向另一个社群，从一个领域阔步跨进另一个领域，使众筹永远充满魔力和魅力！这样的案例包括飞机众筹、电影众筹、图书众筹、旅游众筹、教育众筹、农业众筹、会议众筹、餐饮众筹等。

3. 产品设计人性化

任何一款爆品要想吸引眼球、引爆市场并非易事，都需要切中要害，找到并解决客户的痛点，否则挑剔的客户绝不会买单。

产品之所以能够火爆，被客户口口相传，不在于企划、公关和价格，而在于产品在推向市场前对核心客户的精准定位，以及对其核心需要的价值认同。

而众筹恰恰能够解决产品上市之前的市场调研和预热功能，客户之所以会选择该产品，首先就是看重产品背后项目方的信用和实力，同时吻合了自己的消费需求和习惯，并将客户自己从产品预购者的身份转变成新产品优化方案提议者和深度体验者。

大互联时代，没有挑剔的客户，只有不懂人性化产品设计的项目方。好产品，会说话；体验爽，口口传！谁不把消费者当回事，谁不充分尊重并满足消费者，市场就会将谁的产品狠狠地扔到垃圾桶！

4. 平台竞争差异化

截至 2016 年 1 月，我国已经上线运营的众筹平台已有 300 余家，既有巨无霸平台，如蚂蚁达客、京东东家、苏宁众筹，也有新生代众筹平台，如京北众筹、小菊咖啡、一塔湖图众筹，还有垂直细分众筹平台，如人人投（实体店铺众筹平台）、优客投（跨境众筹平台）、众筹客（专注于吃喝玩乐的同城众筹平台）……

这些众筹平台既有成立时间较早的，也有 2016 年新上线运营的；既有资深行业背景支撑的，也有基于自身优势和对市场的精准判断而成立的垂直细分众筹平台。他们各有千秋，难分伯仲。

在众多的众筹平台中，没有现成的模式可以复制。平台运营者必须根据自身优势和对市场的准确判断，走差异化竞争之路，走抱团发展之路，打造具有核心竞争力，便于品牌传播的众筹平台，在众多的平台中脱颖而出，通过线上项目展示和新媒体营销，以及线下项目路演和渠道合作，吸引海量投资人和可靠项目，整合各方力量，做一个个性鲜明、规规矩矩的信息撮合平台。

众筹平台必须在安全性、创新性和差异化竞争方面下足功夫，做到"说三分，做十分"，并要具有输血、造血和变血功能，通过资本的力量快速做大、做强才是王道。

5. 风险控制立体化

平台的服务创新能力和风险控制能力决定众筹平台的生死，而平台的风控能力是验证平台产品、服务、品牌和体验的最佳路径，值得众筹运营者、投资人、项目方和研究者思考。

一些众筹平台暴露出来的问题既有典型性，又有普遍性。在众筹监管缺位，法律空白的情况下，众筹平台运营者更要严格自律，坚决不触碰法律底线，坚决不弄虚作假，真正做正本清源、利国利民的众筹平台。

众筹平台运营者应本着对投资人负责，对项目方负责的态度，线上对项目方和投资人资质审核要到位，线下对项目方和投资人接洽要跟进。众筹平台运营者要对项目方和投资人进行模拟投资法庭辅导和风险投资知识教育，允许投资人有一定的反悔期，充分告知项目方和投资人众筹流程及注意事项。

众筹平台运营者应制定完整的工作流程和风险预警机制，对风险应具有识别、控制和解决功能。预防风险远远胜于解决问题，要想稳健运营，务必做到以下个方面。

（1）众筹平台上线前，务必到中国证券业协会备案，取得会员证。

（2）不混业经营。

（3）不非吸。

（4）不自融。

（5）不担保。

（6）资金由第三方托管。

（7）证据由第三方托管。

（8）不承诺固定回报。

（9）不虚假宣传。

（10）不发假标或不串通项目方发假标。

第 2 章 众筹模式与类型

2.1 众筹模式分类

众筹降低了大众的投资门槛，为终端大众提供了行业的准入资格。通过对传统金融中间环节的消除，众筹显著地提高了各行业的融资效率，并降低了融资成本。依据众筹周期、持有周期、退出方式、回报方式、金融架构及投融资关系等不同维度，众筹又分为不同的类别。

如图 2-1 所示，众筹的分类和维度有不同的方式，依据其模式可以分为购买众筹模式和投资众筹模式两大类。依据投资者所获得的回报不同，购买模式中又可分为捐赠众筹模式和奖励众筹模式。依据投资人与项目发起人的关系不同，投资模式的众筹一般分为债权众筹模式和股权众筹模式两类。

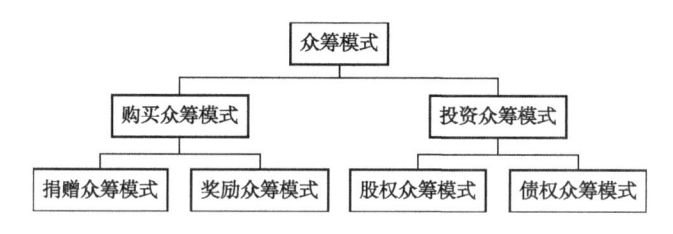

图 2-1 众筹模式分类

每类众筹在实施过程中，众筹参数的设计、目标客群、操作周期等各不相同。债权众筹出资者获得一定比例债权，未来获取利息收益并回收本金，P2P 借贷是债权众筹的一种典型形式。股权众筹，顾名思义，投资者通过出资获得该项目一定比例的股权。股权众筹对创业企业的发展有很大意义，可一定程度上帮助发起方解决融资难题。捐赠众筹是指出资者对项目或机构进行无偿捐赠的众筹模式。奖励众筹又称回报众筹或预购式众筹，是指出资者对项目或机构投资，投资人可以获得非金融性奖励作为回报。

2.2 众筹的投资模式

2.2.1 债权模式

债权众筹（Lending-based crowdfunding）是指投资者对项目或公司进行投资，获得其一定比例的债权，未来获取利息收益并收回本金。

债权众筹一般分为两类，P2P（Peer to Peer）及 P2B（Peer to Business），此外，还可以包括购买 P2P 公司发行的证券。债权众筹对投资者的回报：按照约定好的比例将收益如期返还给投资者，到期后，投资者可以收回本金并获得相应收益。债权众筹的风险比较低，但收益也低于股权众筹。同时，债权众筹在法律底层协议中，往往包含相应形式的安全条款，无论项目发起人是否有能力还款，通过安全条款的设计，仍然能够给投资者以本金及收益保障。

以房地产行业为例，债权众筹的交易结构如图 2-2 所示。

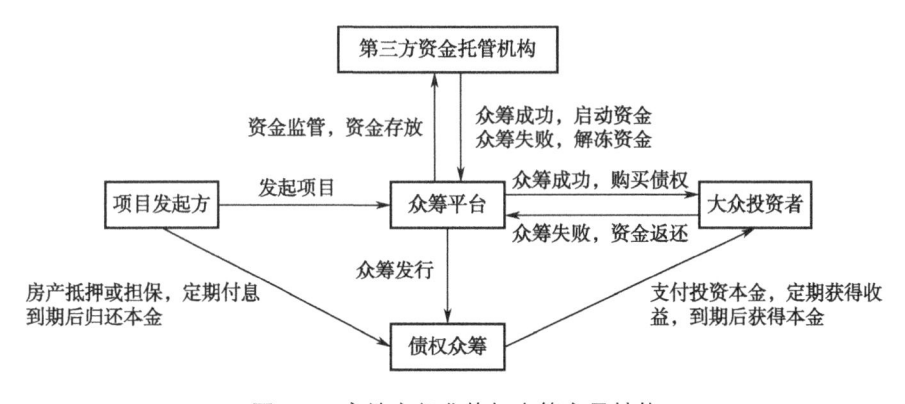

图 2-2 房地产行业债权众筹交易结构

由图 2-2 可知，项目发起方通过众筹平台获得贷款，定期支付投资人回报利息。众筹项目到期后，项目方通过众筹平台归还投资人投资本金。

据数据显示，在全球 1250 家众筹平台样本中，股权众筹、产品众筹、公益众筹和债权众筹这四种最重要类型的融资金额占比非常均衡。其中，债权型平台数量仅位居第四。但是就融资额来看，债权众筹仍是众筹融资中融资最多的部分，这点与我国情况一致。在我国，债权众筹先于其他众筹模式疯狂生长起来，融资总量远超其他众筹模式。近几年，在 P2P 行业出现几家国字背景的企业，互联网巨头纷纷涉足该行业，行业整合在即，市场集中度将会逐步提高。

在如今债权众筹大规模发展情况下，投资人要投资债权众筹项目，有哪些需要注意的关键点呢？

1．项目所属行业

债权众筹投资不同于简单的 P2P 投资，众筹的投资都与项目所处的行业、项目本身的运营能力息息相关。因此，投资者在参与众筹项目的同时，要对所属的行业进行研究，了解后再进行投资。

2．项目的风控措施

与股权众筹不同，债权众筹的风控更为严格，目的是为了降低投资人投资的风险。债权众筹的风控需要经过不同部门的诊断与审核，同时需要项目方对本项目做相应的抵押担保手续。投资人在投资时，要仔细了解该项目的风控是否到位，以避免投资风险。

3．项目的可持续性

众筹行业的债权众筹持有期，依据项目方融资的不同，短至 1 个月，长至几年不等。因此，投资者在进行债权众筹投资时，要对投资的项目进行相应了解，从多方面考察项目的可持续性，确保收益。

2.2.2　股权模式

在众筹的分类中，为大众投资者及行业专家谈论及研究最多的众筹模式，便是股权众筹。作为"互联网化的私募股权"，股权众筹在一定程度上颠覆了传统机构的组织形态，是共享经济的深刻演变形式。

股权众筹（Equity-based crowdfunding）是指募资人或募资企业通过互联网平台集合出让部分股权，获得众多个人或机构投资者小额投资，以支持其创业经营或其他社会事业的新型融资模式。

2011年众筹开始正式进入中国，2013年国内正式诞生第一例股权众筹案例。2014年5月，证监会明确了对于众筹的监管，并出台监管意见稿。2014年11月19日，国务院总理李克强主持召开国务院常务会议，要求建立资本市场小额再融资快速机制，并首次提出"开展股权众筹融资试点"。众筹在国内处于风口，股权众筹正逐步得到社会的认同。

相对于传统融资模式，股权众筹融资是一种更为大众化的筹资方式，它的兴起为更多小规模企业或拥有创意项目的人提供了全新的融资方式。与P2P网络借贷相比，股权众筹拓宽了中小企业的融资渠道，使直接融资成为可能。股权众筹因为低门槛、多样性、汇集草根力量、注重创意等特点，被认为是继2013年P2P网贷在国内野蛮生长之后，2015年国内互联网金融中非常火的领域。传统金融机构、股权交易所、互联网企业、科技园区等纷纷试水股权众筹领域。

虽然按总体比例分析，全球股权众筹在平台数量和融资额方面分别落后于债权众筹，但股权众筹的增长不容忽视。据数据显示，股权众筹增长率（182%）远高于权益众筹增长率（84%）。

汇金众筹董事长涂勇表示，股权众筹作为众筹的典型形式，在未来将会迎来爆发式增长。2012年，美国通过《创业企业扶助法》（JOBS Act，以下简称JOBS法案），股权众筹成为现实。以房地产行业为例，美国三大房地产众筹平台，fundrise、Realty Mogul及Realty Shares，自2010年开始运营以来，业务量呈指数式增长。像Crowdfunder、AngelList这样的新兴股权众筹平台也在近些年来逐步兴起。

我国的股权众筹情况也类似。2014年是中国众筹元年，行业的热度高度集中在股权众筹平台上，早期的众筹平台几乎都设有股权众筹项目。随着众筹的发展，以及社会对众筹的认知的加深，股权众筹也将随之发展。

1. 股权众筹类型

依据不同的维度和标准，股权众筹可细分为不同类型。从是否担保的角度，股权众筹可分为两类，无担保的股权众筹、有担保的股权众筹。

无担保的股权众筹是指投资人在进行众筹投资的过程中，没有第三方公司提供相关权益问题的担保责任。目前，国内基本上都是无担保的股权众筹。

有担保的股权众筹是指股权众筹项目在进行众筹的同时，有第三方公司提供相关权益的担保，这种担保是固定期限的担保责任。到目前为止，在国内只有贷帮的众筹项目为这种模式提供担保服务，尚未被多数平台接受。

2. 股权众筹运营模式

股权众筹运营分为凭证式众筹、会籍式众筹、天使式众筹等模式。

凭证式众筹主要是指在互联网通过卖凭证和股权捆绑的形式进行募资，出资人付出资金取得相关凭证，该凭证又直接与创业企业或项目的股权挂钩，但投资者不成为股东。

会籍式众筹主要是指在互联网上通过熟人介绍，出资人付出资金，直接成为被投资企业的股东。

与凭证式、会籍式众筹不同，天使式众筹更接近天使投资或 VC 的模式，出资人通过互联网寻找投资企业或项目，付出资金直接或间接成为该公司的股东，同时出资人往往伴有明确的财务回报要求。

3. 股权众筹的操作流程

股权众筹的交易结构也不同于其他类型众筹，"股东制"是其重要标志。

依据股权众筹的交易结构，对股权众筹的操作流程，可进一步细化，如图 2-3 所示。

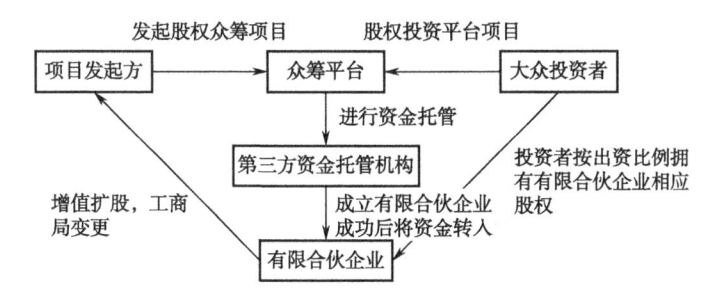

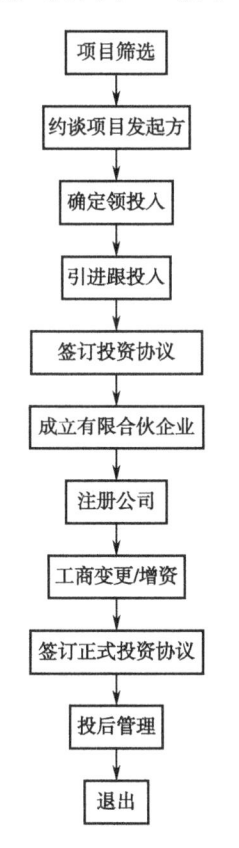

图 2-3　股权众筹的操作流程

股权众筹的操作流程典型步骤如图 2-4 所示。

图 2-4　股权众筹的操作流程典型步骤

1）项目筛选

项目筛选是股权众筹的第一步，也是至关重要的一步。每个项目的差异较大，因此，如何低成本、高效率，精准地筛选出优质的股权众筹项目，就需要众筹平台项目评估部门的质量审核，信息审核包括项目信息、团队信息、商业计划书等。通过审核后的项目，可在平台上与投资人进行联络。

2）约谈项目发起方

对于初创公司，企业的产品及服务均处于起步阶段，决定投资的最关键因素是创业团队。创业团队是评估项目的首要标准，优秀的创业团队也会得到投资人的青睐。

3）确定领投人

众筹投资过程中，"领投+跟投"的模式较为广泛，领投人在整个项目投资中占有较重要的权重及因素。通常，领投人多为置业投资人，在行业领域具有较丰富的经验，因此能够在整个众筹过程中，制定投资条款，对项目进行投后管理，出席董事会，以及后续退出。

4）引进跟投人

跟投人在众筹过程中扮演着同样重要的角色。一般情况下，跟投人不参与公司重大决策，不进行投资管理。跟投人通过跟投项目，获得投资回报。

5）签订投资协议

与投资者签订投资协议，表示投资者与项目之间正式达成合作。投资协议除了约定投资人对被投资企业的估值和计划投资金额外，还包括被投资企业应负的主要义务，投资者要求得到的主要权利，以及投资交易达成的前提条件等内容。

6）成立有限合伙企业

股权众筹过程中，主要方式是投资人入股企业，成立有限合伙企业，领投人作为 GP，跟投人作为 LP。现在，股权众筹的入股方式中，另一种较为普遍的方式是，通过签订委托代持协议形式入股，领投人代持股份担任董事。

投资者可自主选择是否愿意担任有限合伙企业的一般合伙人（General Partner，GP）。简单地讲，LP（Limited Partner，有限合伙人）是出钱的人，GP 是 VC 的管理人。

未来在股权众筹网站的创业机会还是有不少的。目前，这个市场的竞争者较少，如果创业者可以抓住某个垂直领域发展新的股权众筹平台，也可以分得一杯羹。

股权众筹是众筹领域中非常有魅力的众筹类别，也是发展潜力极大的。2014 年 12 月 18 日，中国证券业协会发布了《私募股权众筹融资管理办法（试行）（征求意见稿）》，中国股权众筹终于迎来了规范化的监管。2015 年 3 月发布的《国务院办公厅关于发展众创空间，推进大众创新创业的指导意见》中，开展互联网股权众筹融资试点，增强众筹对大众创新创业的服务能力，成为重要内容。虽然政策利好，但是政府重点支持的股权众筹，在实际操作中不同程度地面临着一些问题。目前，国家对股权众筹的法律界定仍然不够清晰，股权众筹法律纠纷、风险控制及投资人保障等方面，一直是股权众筹需要突破的壁垒，如最近大家关注的股权众筹纠纷案例是西少爷肉夹馍的众筹款如何追回的问题。股东权益如何保障，众筹款项如何退回等问题，一定程度上反映了股权众筹操作层面亟需进一步规范。

2.3 众筹的购买模式

2.3.1 捐赠众筹模式

捐赠众筹（Donate-based crowdfunding）是指投资者对项目或公司进行无偿捐赠，又称为公益众筹。

捐赠众筹不同于其他的众筹形式，是一种不计回报的众筹。捐赠众筹主要应用于公益领域。捐赠众筹的法律底层关系是什么？通过如图 2-5 所示的交易结构可以发现，捐赠众筹是一种赠与行为。

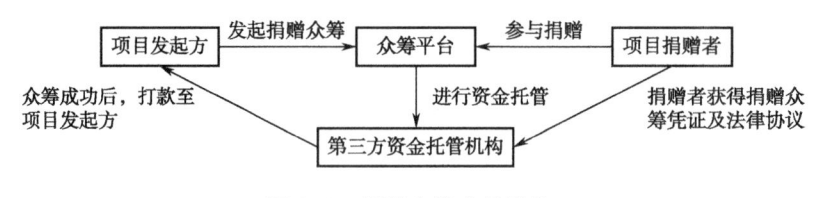

图 2-5　捐赠众筹交易结构

不难发现，在捐赠众筹的捐赠流程中，没有对投资者的回报部分，参与捐赠的大众投资者仅获得了众筹法律协议及凭证，这正是捐赠众筹的特点。

捐赠众筹通过低门槛的公益捐助方式，汇集大众的力量，产生意想不到的筹款效果，帮助特别需要帮助的人群，是现代进行公益慈善不可缺少的一种方式。捐赠众筹必将改变传统的公益慈善，为公益捐助带来新的发展。

捐赠众筹具有低门槛、多样性、依靠大众力量等特点。众筹的本质也是聚集大众力量完成某件事情。在公益领域，更是需要大众齐参与，完成公益的举动。无论是基金会、注册机构，还是民间组织，只要是公益项目就可以作为项目的发起方，发起捐赠众筹。各个类别的捐赠众筹均可以发起，门槛较低，起投金额自由设定，给大众参与的空间。同时，每个出资者并不在乎可以获得回报，出资行为带有明显的捐赠性质。捐赠众筹非常强调大众的参与度。

捐赠众筹平台有三种运营方式。

一是由用户个人发起公众募捐，但是根据《中华人民共和国公益事业捐赠法》，个人向公众募捐都是"不合法"的。个人公募其实也不"违法"。"不合法"和"违法"中间往往有灰色地带。例如，腾讯公益的一个项目，就是利用朋友圈的个人关系为需要帮助的人募集捐款。

二是微公益模式。由有公募资格的 NGO 发起、证实并认领，捐赠众筹平台仅起到平台的作用。

三是由捐赠众筹平台根据《基金会管理条例》设公募基金会，代替有资金需求的一方向公众发起募捐。但是公募基金会申请门槛较高，通常难以获批。

捐赠众筹和其他众筹可以从几个方面做区分。首先，捐赠众筹是不以回报为目的的筹资，其目的是为了解决某个社会问题，帮助改善社会环境；其他众筹类型，多是以商业回报为目的，从众筹的过程中，获得相应的商业利益。捐赠众筹获得的回报远远低于其捐赠资金的价值，因此，其溢价部分是捐赠人的公益行为，目的是为了解决项目发起方的需求。尽管如此，捐赠众筹和其他商业众筹也有非常紧密的联系点，有时，捐赠众筹更需要商业思维。在进行产品的设计及推广时，要充分考虑目标客群的反应，要定位清晰。考虑的内容包括：①我做众筹的目的是什么；②目标客群是什么；③目标客群的需求及特点是什么；④怎样到达和传播。

因此，我们需要用精准的商业思维去做整个众筹项目。首先是对项目的诊断及评估，每个需要众筹的项目发起方都有明确的众筹需求。不同类型的众筹需求，在产品包装设计上有较大的不同。通过对项目发起方的需求评估及诊断，确定对应的目标客群，对目标客群做画像和描摹。接下来，就要对客户群进行分析，包括这类目标客户群的特点是什么；怎样的推广途径能够触及这类人群。因此，在做项目包装设计、宣传推广及渠道选择时，要做到精准。产品的设计和包装，在整个众筹流程中，对提高众筹成功率起着至关重要的作用。

总体来看，捐赠众筹在互联网社区备受关注，但是从数据层面显示，捐赠众筹的效果并不尽如人意，通过捐赠众筹获得善款的金额占网络捐赠总额的1%左右。

据了解，我国首家专业公益众筹平台于2013年7月正式上线。这个名为"创意鼓"的网站先后发起了21个项目，目前仍无成功案例。另外两家专业众筹平台"积善之家"和"新公益"分别于2014年3月和2014年4月上线，分别成功项目5个和3个。

据数据显示，在164个成功筹款的公益项目中，有95%的项目来自于综合类的众筹网站。更具体的数据是，在专业公益众筹平台上发起的公益众筹项目共 40 个，已成功项目 8 个，成功项目募集金额 7.8 万元人民币；在综合类众筹平台上发起的公益众筹项目共 267 个，已成功公益项目共 156 个，成功项目募集金额 661 万元人民币。

众筹与公益存在天然的同质性和黏联性，二者都需要集大众力量完成，低门槛参与实现。捐赠众筹为不同大小的个体提供了公益的梦想空间，同时，对公益机构也有一定的提升作用。众筹平台是一个信息高度透明，重度注重监管的空间，这就体现了公益与投资者之间的信任，增加了双方的纽带，反向促进了公益事业的正规化发展。

捐赠众筹的操作流程如图 2-6 所示。

发起项目 → 风控评审 → 认领 → 募集捐款 → 执行

图 2-6 捐赠众筹的操作流程

捐赠众筹的基础法律关系是赠与。根据《中华人民共和国合同法》第 185 条的规定，赠与是赠与人将自己的财产无偿给予受赠人，受赠人表示接受的一种行为，这种行为的实质是财产所有权的转移。从法律的角度分析，规范的赠与不存在任何民事、刑事法律风险。

目前，在实务操作层面，捐赠众筹存在一定的法律风险：一是项目信息造假；二是募集资金的使用情况不透明和不公开。如果众筹平台没有尽到勤勉的审查义务，致使部分虚假项目上线并接受捐赠，甚至自行编造虚假项目接受捐赠，或者虽然项目真实但未将捐赠资金合理使用，则项目发起人可能涉嫌集资诈骗罪。

2.3.2 奖励模式

奖励式众筹又称为回报式众筹或预购式众筹（Reward-based crowdfunding），是指项目发起人在筹集款项时，投资人可能获得非金融性奖励作为回报。奖励式众筹交易结构如图 2-7 所示。

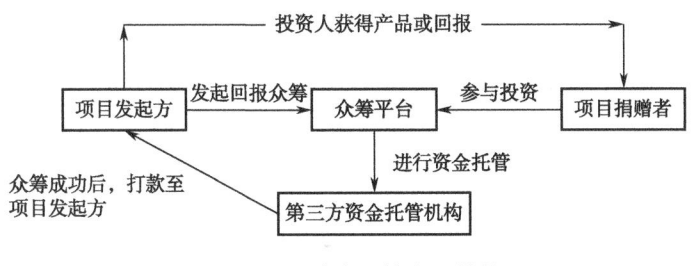

图 2-7 奖励式众筹交易结构

奖励式众筹一般指的是预售类的众筹项目，团购自然包括在此范畴。但团购并不是奖励式众筹的全部，且奖励式众筹也并不是众筹平台网站的全部。

奖励式众筹应用最多的两类情况，一类是对于创新型项目的产品融资，另一种情况是预售式众筹。销售者通过在线发布将生产的产品或信息，提前锁定对该产品或服务感兴趣的目标客群，投资者提前支付该产品或服务的款项，完成众筹。奖励式众筹解决了项目发起方的融资问题、客群问题，减少了营销成本，提前完成了项目发起方的回款与销售闭环。通常，奖励式众筹给投资者的产品或服务价格均低于时点发布的价格，以一定程度的优惠吸引目标客群，从而解决了投资者的需求，以及项目方的生产周期与成本。

以房地产行业为例，预售式众筹在房地产行业的应用最为明显。在房地产行业中，开发商没有拿到预售许可证之前，政策规定，不允许开发商以任何形式进行收费。但是，在开发建设中，存在资金压力、客户压力及推广压力，往往需要开发商通过一定形式实现提前回款，并同时需要测试项目在目标客群中的定位。而众筹平台正好帮助开发商解决了预售收款的问题。房地产众筹，顾名思义，大众购房投资者共同出资解决房子建设问题，同时帮助开发商解决提前回款的难题。在房地产行业中，众筹对于开发商及投资者来讲，是不同程度的刚需。那么，众筹平台如何做好房地产众筹，正确连接开发商与投资者的需求，是房地产众筹平台的核心竞争力所在。以汇金众筹平台为例，汇金众筹在业务操作层面，有一套严格的操作流程与风控流程，从项目评审到包装设计再到运营推广，以精益为原则，高度匹配开发商与投资者需求。

汇金众筹平台基于开发商的项目需求,做产品的包装与设计;基于项目客群的描摹,做精准的推广及运营。在项目发行后,汇金众筹领投资金进行领投,后期做项目的大数据分析。奖励式众筹的发展及操作空间较大。奖励式众筹的操作流程如图 2-8 所示。

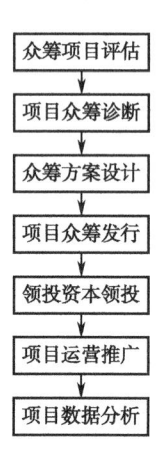

```
众筹项目评估
    ↓
项目众筹诊断
    ↓
众筹方案设计
    ↓
项目众筹发行
    ↓
领投资本领投
    ↓
项目运营推广
    ↓
项目数据分析
```

图 2-8 奖励式众筹的操作流程

据网贷之家发布的《2016 年 2 月众筹行业月报》提供的数据,在众筹项目中,2016 年 2 月新增的 4542 个项目里,奖励式众筹项目最多,为 3541 个,占总项目数的 77.96%,从金额上来看,整个 2016 年 2 月全国众筹行业共成功筹资 9.81 亿元人民币,其中,奖励式众筹筹资最多,为 5.34 亿元人民币,占筹资额的 54.43%。目前,奖励人民币众筹已逐步产生"二八"格局,随着 2015 年京东众筹、淘宝众筹的入局,大部分奖励式众筹的消费与融资来自于 2016 年新年期间电商企业的带动。

截至 2016 年 2 月底,奖励式众筹平台的成功融资额中,淘宝反超京东众筹,成为奖励式众筹额最高的平台。奖励式众筹的品牌集中度的提升,也意味着洗牌时代即将到来,中小众筹平台需要打造自己的特色项目。

奖励式众筹对于帮助公司预售产品并获得初期支持,是一个较好的方式和机制,甚至一些风投也将众筹平台作为寻找优秀项目的来源之一。对投资者来说,实行奖励式众筹有利有弊。通常,能够在众筹平台完成奖励式众筹融资的，基本上会得到客户市场及资本市场的青睐。但如果筹资未达到预期，对品牌也会产生一定的负面影响。因此，要正确看待奖励式众筹所带来的优势和劣势，做好充分的准备，建立顺畅的反馈机制，把每个投资者作为自己的客户对待，正确利用众筹平台，以期获得最大收益。

第 3 章　股权众筹项目操作实务

3.1　股权众筹的概况

3.1.1　定义

2013 年开始，中国互联网金融如火如荼。进入 2014 年，股权众筹从 P2P 手中接棒，成为金融市场中的热点。股权众筹目前引发各界热议，有观点认为，股权众筹将会成为风投领域的"搅局者"，全民天使的时代将到来；也有人说，股权众筹仍在野蛮成长，理想丰满，现实骨感。

那么，什么是股权众筹？这个行业的真实情况究竟如何？怎样通过股权众筹投融资？有哪些风险需要管理与防控？目前的法律环境如何？未来又将迎来怎样的挑战与机遇？本书的作者投入大量精力进行了调查研究，全面系统地论述了"股权众筹"这个新时代、新形态下的新概念。

公司通过出让一定比例的股份，面向普通投资者；投资者则通过投资入股公司，以获得未来收益。这种基于互联网渠道而进行融资的模式称作股权众筹。

3.1.2　分类

从投资者的角度，以股权众筹是否提供担保为依据，可将股权众筹分为无担保的股权众筹和有担保的股权众筹两大类。前者是指投资者在进行众筹投资的过程中没有第三方的公司提供相关权益问题的担保责任，目前国内基本上都是无担保的股权众筹；后者是指股权众筹项目在进行众筹的同时，有第三方公司提供相关权益的担保，这种担保是固定期限的担保责任，这种模式国内目前尚未被多数平台接受。

3.1.3 参与主体

股权众筹运营中,主要参与主体包括筹资人、出资人和众筹平台三个组成部分,部分平台还专门指定托管机构。

(1)筹资人。筹资人又称为项目发起人,通常是指需要资金的创业企业或项目,在融资过程中通过众筹平台发布企业、项目融资信息及可出让的股权比例。

(2)出资人。出资人往往是数量庞大的互联网用户,他们利用在线支付等方式对自己觉得有投资价值的创业企业或项目进行小额投资。待筹资成功后,出资人获得创业企业或项目的一定比例的股权。

(3)众筹平台。众筹平台是指连接筹资人和出资人的媒介,其主要职责是利用网络技术支持,将项目发起人的创意和融资需求信息发布在虚拟空间,供投资人选择,并在筹资成功后负有一定的监督义务。

(4)托管机构。为保证各出资人的资金安全,出资人资金切实用于创业企业或项目,以及筹资不成功的及时返回,众筹平台一般都会指定银行等第三方支付机构担任托管机构,履行资金托管职责。

除此之外,也有一些众筹平台聘请律师事务所或法律电商平台进行证据托管,以及电子证据和书面证据注册、审查、登记、封存、查询、维权等全链条托管服务。

3.1.4 运作流程

股权众筹一般运作流程如下。

(1)创业企业或项目发起人向众筹平台提交项目策划或商业计划书,并设定拟筹资金额、可让渡的股权比例及筹款的截止日期。

（2）众筹平台对筹资人提交的项目策划或商业计划书进行审核，审核的范围具体包括但不限于真实性、完整性、可执行性及投资价值。

（3）众筹平台审核通过后，在网络上发布相应的项目信息和融资信息。

（4）对该创业企业或项目感兴趣的出资人，可以在目标期限内承诺或实际交付一定数量的资金。

（5）目标期限截止，筹资成功的，出资人与筹资人签订相关协议；筹资不成功的，资金退回各出资人。

由此可知，与私募股权投资相比，股权众筹主要通过互联网完成"募资"环节，所以又称为"互联网非公开股权融资"。

3.1.5　股权众筹运营的不同模式

国内股权众筹的发展，从 2011 年天使汇成立至今，其间产生了大量的众筹平台，如大家投、原始会、人人投、天使街等。

根据我国股权众筹监管政策，股权众筹从运营模式可分为凭证式、会籍式和天使式三大类。

1. 凭证式众筹

凭证式众筹主要是指在互联网通过卖凭证和股权捆绑的形式来进行募资，出资人付出资金取得相关凭证，该凭证又直接与创业企业或项目的股权挂钩，但投资者不成为股东。

2013 年 3 月，植物护肤品牌——"花草事"的拥有者高调地在淘宝网销售自己公司的原始股。该公司对未来 1 年的销售收入和品牌知名度进行估值，并拆分为 2000 万股，每股作价 1.8 元人民币，100 股起开始认购，计划通过网络私募 200 万股。股份以会员卡形式出售，每张会员卡面值 180 元人民币，每购买 1 张会员卡赠送股份 100 股，自然人每人最多认购 100 张。

在此之前，美微传媒也采用了大致相同的模式，也是出资人购买会员卡，公司附赠相应的原始股份，一度在业内引起了轩然大波。

需要说明的是，国内目前还没有专门做凭证式众筹的平台，上述两个案例在筹资过程当中，都不同程度地被相关部门叫停。

2. 会籍式众筹

会籍式众筹主要是指在互联网上通过熟人介绍，出资人付出资金，直接成为被投资企业的股东。国内著名的案例是3W咖啡。

2012年，3W咖啡通过微博招募原始股东，每人10股，每股6000元人民币，相当于一个人6万元人民币。很多人并不是特别在意6万元人民币：花点小钱成为一家咖啡馆的股东，可以结交更多人脉，进行业务交流。很快3W咖啡汇集了一大帮知名投资人、创业者、企业高管等，其中包括沈南鹏、徐小平数百位知名人士，股东阵容堪称豪华。

3W咖啡引爆了中国众筹式创业咖啡在2012年的流行。没过多久，几乎每个有一定规模的城市都出现了众筹式的咖啡厅。应当说，3W咖啡是我国股权众筹软着陆的成功典范，具有一定的借鉴意义，但也应该看到，出资建立这种会籍式咖啡厅时，很少有出资人是奔着财务赢利的目的去的，更多股东在意的是其提供的人脉价值、投资机会和交流价值等。

3. 天使式众筹

与凭证式、会籍式众筹不同，天使式众筹更接近天使投资或VC的模式，出资人通过互联网寻找投资企业或项目，付出资金或直接或间接地成为该公司的股东。同时，出资人往往伴有明确的财务回报要求。

以人人投为例，假设某创业企业需要融资100万元人民币，为此出让20%股份，在网站上发布相关信息后，A作为领投人，出资5万元人民币，B、C、D、E、F作为跟投人，分别出资20万元、10万元、3万元、50万元、12万元人民币。凑满融资额度后，所有出资人首先按照各自出资比例占有创业公司出让的这 20%股份，再转入线下办理有限合伙企业成立、投资协议签订、工商变更等手续，该项目融资计划就算胜利完成。

确切地说，天使式众筹应该是股权众筹模式的典型代表，除了募资环节通过互联网完成外，它与现实生活中的天使投资、VC 基本没多大区别。但是，互联网给诸多潜在的出资人提供了投资机会，再加上对出资人几乎不设门槛，所以这种模式又有"全民天使"之称。

3.1.6 出资人的利益保护

在股权众筹模式中，出资人的利益分别涉及以下几个方面。

1. 信任度

股权众筹运营过程中，出资人采用有限合伙企业模式或股份代持模式进行相应的风险规避。但问题是，在众筹平台上出资人基本互相都不认识，有限合伙模式中起主导作用的是领投人，股份代持模式中代持人至关重要，数量众多的出资人如何建立对领投人或代持人的信任度非常关键。

鉴于目前参与众筹的许多国内投资者并不具备专业的投资能力，也无法对项目的风险进行准确的评估，同时为解决信任度问题，股权众筹平台从国外借鉴了一个最通用模式——合投机制，即由天使投资人对某个项目进行领投，再由普通投资者进行跟投，领投人代表跟投人对项目进行投后管理，出席董事会，获得一定的利益分成。这里的领投人，往往都是业内较为著名的天使投资人。但该措施或许只能管得了一时，长期却很难发挥作用。这是因为，众筹平台上项目过多，难以找到很多知名天使投资人，不知名的天使投资人又很难获得出资人信任。同时，天使投资人往往会成为有限合伙企业的 GP，一旦其参与众筹项目过多，精力难以兼顾。因此，解决问题的核心还是出资人尽快成长起来。

众筹模式中采用股份代持的，代持人通常是创业企业或项目的法定代表人，其自身与创业企业的利益息息相关，出资人应注意所签代持协议内容的完整性。

2. 安全性

目前，从国内外众筹平台运行的状况看，尽管筹资人和出资人之间属于公司和股东的关系，但在筹资人与出资人之间，出资人显然处于信息弱势的地位，其权益极易受到损害。

通常，众筹平台会承诺在筹资人筹资失败后，确保资金返还给出资人，这一承诺建立在第三方银行或第三方支付机构进行资金托管的基础上。但众筹平台一般都不会规定筹资人筹资成功但无法兑现对出资人的承诺时，对出资人是否返还出资。当筹资人筹资成功而却无法兑现对出资人承诺的回报时，既没有对筹资人的惩罚机制，也没有对出资人权益的救济机制，众筹平台对出资人也没有任何退款机制。

严格来说，既然是股权投资，就不应该要求有固定回报，否则又变成了"明股实债"。但筹资人至少应当在项目融资相关资料中，向出资人揭示预期收益。一旦预期收益不能实现，实践中又会形成一定的纠纷。

3. 知情权和监督权

出资人作为投资股东，在投资后有权利获得公司正确使用所筹资金的信息，也有权利获得公司运营状况的相关财务信息，这是股东权利的基本内涵。

虽然行业内规定众筹平台对资金运用有监管的义务，但因参与主体的分散性，空间的广泛性，以及众筹平台自身条件的限制，在现实条件下难以完成对整个资金链运作的监管，即使明知筹资人未按承诺用途运用资金，也无法对其进行有效制止和风险防范。

4. 股权的转让或退出

众筹股东的退出机制主要有回购和转让两种方式，如采用回购方式，原则上公司自身不能进行回购，最好由公司的创始人或实际控制人进行回购；如采用股权转让方式，原则上应遵循相关规定。

上述提到的公司创始人回购或直接股权转让，如果出资人直接持有公司股权，则相对简单，但在实践中，公司大多采用有限合伙企业或股份代持模式，出资人如要转让或退出，就涉及有限合伙份额的转让和代持份额的转让。关于这些转让细节，最好能够在投资前的有限合伙协议书或股份代持协议中做明确约定。

在解决了由谁来接盘后，具体的受让价格又是一个难题，由于公司尚未上市，所以没有一个合理的定价，也很难有同行业的参考标准，因此建议在出资入股时就在协议里约定清楚。例如，有的众筹项目在入股协议里约定，发生这种情况时由所有股东给出一个评估价，取其中的平均值作为转让价；也有的约定以原始出资价作为转让价。

3.2 股权众筹的特点

3.2.1 股权众筹的优点

1. 股权众筹是一种便利的筹资工具

股权众筹简化了小型企业的融资程序，降低了投资机构交易的门槛，不仅减少了发行公司的交易成本和融资成本，也加强了对参与交易的中介机构的监管，并向中介渠道分散了部分监管职责，要求中介渠道提高对投资者的透明度。股权众筹模式高度体现了互联网金融的特征：去中心化，点对点直接交易。如果运行顺利，将改善我国天使投资环境，大大节省中小微企业的融资成本，并可开拓投资新渠道。

2. 股权众筹直接切中小微企业的融资需求

小型公司非公开的融资渠道很少，监管很严，而小型企业上市融资的成本很高。股权众筹的出现正迎合了这些小企业的融资需求。

3. 股权众筹可能涉及较大风险

目前，国内创业风险很大，因此大多数中国人更喜欢 P2P 类的投资。国内对股权类型投资的认识程度还不够，需要有更多的教育普及，未来股权众筹才有更大的发展空间。

4. 股权众筹是一个专业性较强的投融资方式

对于投资者而言，选择好的项目至关重要。但是，有好的投资项目，还需要领投人，甚至平台，来参与一定的投资管理，帮扶项目的成长。在这方面可以借签国外的众筹平台，在国外的众筹平台上，平台方会对项目的估值、信息披露、融资额等情况进行审核，只有通过审核的项目才能够开始筹资。

3.2.2 股权众筹与其他股权投资的区别

1. 侧重点不同

股权众筹做的是一个平台，说简单一点，就是能够在一个开放的、基于互联网的平台上，让更多的投资人参与到投资创业企业的过程中来。股权众筹让更多的创业者在他们没有更好、更透明的渠道接触到投资时，能够有效地对接民间资本，降低中间的沟通成本和时间成本。

2. 融资方式不同

股权众筹的定位就是投融资的信息服务平台。服务的对象主要是两方面，一方面是融资方——中国的中小企业群，即进入天使轮的企业或进入 VC A 轮的企业；另外一方面是中国的投资方——大量潜在的小微天使。

传统的股权投资隐性成本非常高。对项目方来讲，主要是缺乏经验，不能充分展现项目亮点，对接投资人数量非常有限，找到匹配的投资人需要运气。对投资方来讲，由于缺乏金融和投资知识，对交易结构、交易估值很难进行科学的把握，容易遭受不可避免的损失。

3.3 股权众筹需要思考的五个问题

众筹是一个可以让大家发布项目、实现投资的平台,未来可能成长为参天大树。做大平台没有错,但当大潮退去,互联网的特性决定了市场中只能存活一到两家平台。在打算冲进众筹大潮之前,必须首先想好下面几个关键问题。

1. 众筹大平台如何做

"烧钱"、"快速烧钱",用市场化的方法快速获取用户,集聚项目,快速形成"壁垒",引领众筹行业导向。互联网的商业形态与传统金融的商业形态的区别在于投资周期更长,这与 VC 的投资周期是相对应的,一般七八年才能实现稳定的赢利。众筹大平台的成功一定离不开资本市场的接力棒。从天使到 A 轮、B 轮、C 轮或 D 轮,直到最终的成功,是筹资的现金流支撑了整个公司的现金流,而营业现金流和投资现金流可能要等到多年以后了。当然,一味蛮干的"烧钱"也必然是不负责任的,"烧钱"方向和力度的拿捏是众筹大平台成功的关键。也有人认为,改变用户习惯、提升用户满意度、增强用户黏性的"烧钱",砸得越狠越猛,众筹大平台的估值才会越大,当烧到后面已无追随者时,众筹大平台可算成功。

2. 垂直型众筹平台可行吗

普通的创业者没有雄厚的资本作为后盾,制作专业领域的小平台,能搭上众筹这波风口吗?众筹小平台的切入点非常关键,这个切入点是未来不会被大平台冲击的保证。但这是个次优的选择,短期可以增加小平台的存活率,长期必将陷入进退两难的境地,"进"没有成长性,一旦想进入大市场必然面临已成熟大平台的狙击,"退"已无路可退。众筹小平台必然需要专业的行业背景支撑,所以众筹小平台的定位更适合已有企业的行业多元化布局。未来的成功是以整个公司集团的成长为收获,实现与原有主业的配套成长。普通的创业者,尤其是无行业背景的创业者,请慎之!

3. 做众筹项目是个优选吗

纵观各家众筹平台，项目成功率大都不高，如果把项目发起人申请但未通过平台审核的也计算在内，成功率更低。各家平台其实都特别缺少好项目，这正是现在众筹平台的痛点。众筹项目的制作包括策划、文案、美工，更精致的制作还需要视频的创作，所以众筹项目的策划是个专业细致的活，随着众筹行业的发展，为众筹做配套的服务市场前景广阔。年轻的创业者，如果对众筹感兴趣，可以从这方面入手。众筹项目的优点是进入门槛低，风险也低，缺点是很难有高增长性，每个人或团队的服务容量一定是有限的。

4. 众筹是做平台还是做项目

时光如果可以倒转到 2002 年，人们会选择做淘宝还是到淘宝上开个店？今日市场热议如何做众筹的前提是有非常多的人开始创业了，创业赶上了好时代，创业的竞争性也在增加。在现已成立的 137 家众筹平台中，至少 21 家已经倒闭或无运营迹象，6 家发生业务转型。众筹飞起来了，越来越多的众筹公司正在路上，将会有更多的人需要面对平台和项目的选择。

3.4 股权众筹的运作流程

1. 明确预约融资额范围，确定可转让的股权

小微企业或创意项目的发起人首先必须确定预约融资额度和拟出让的股份，设定融资额度的范围，以及相应的股权出让比例，并设定可接受范围内的拟筹资金额，可让渡的股权比例，以及筹款的截止日期；根据这些因素制作股权众筹项目策划书或股权众筹商业计划书；向众筹平台提交股权众筹项目策划书或股权众筹商业计划书。

2. 审核股权众筹项目策划书或股权众筹商业计划书

众筹平台审核小微企业或创意项目的发起人所提交的股权众筹项目策划书或股权众筹商业计划书，审核的范围具体包括但不限于真实性、完整性、

可执行性及投资价值等。

3. 发布股权众筹信息

众筹平台审核通过后，即在网络上登载发布股权众筹信息，披露小微企业或创意项目的发起人所提交的股权众筹项目策划书或股权众筹商业计划书。

4. 进行尽职调查

股权众筹项目的投资最好有领投人，便于将来参与股权众筹项目的经营管理或监督，以便规范运营。对于众筹项目，为保证投资安全，防范投资风险，最好由领投人对股权众筹项目进行尽职调查。如果没有领投人，则应首先由众筹平台对股权众筹项目进行初步的尽职调查。

5. 确定预约投资意向

众筹平台的会员或用户，在浏览完毕股权众筹信息后，可以通过线上了解、线下接触或路演的方式对股权众筹项目进行充分了解，确定是否参与股权众筹项目的投资预约，并在在目标期限内承诺或实际交付一定的保证金给众筹平台确定的资金托管机构（可能是商业银行或第三方支付机构）。

6. 确定股权众筹预约完成或失败

股权众筹目标期限截止，预约筹资成功的，出资人与筹资人签订相关协议，支付股权投资款项给众筹平台确定的资金托管机构，办理相关股权变更登记手续，再由资金托管机构将全部的股权投资款项支付给进行股权众筹项目的小微企业；筹资不成功的，资金退回各出资人。

3.5 股权众筹平台的业务流程

1. 股权众筹平台的业务流程

股权众筹平台的业务流程见表3-1。

表 3-1 股权众筹平台业务流程

序号	业务流程	办理时限
1	注册成为报价系统参与人,取得推荐业务权限	T-10 日之前
2	与众筹平台就众筹项目建立沟通,提供项目情况基本信息	
3	与市场监测中心签署报价系统资金结算服务协议	
4	与报价系统合作银行、报价系统签署资金监管三方协议	
5	完成募集专用资金结算账户开立、UKey 领取、子账户权限管理	
6	申领产品代码,在线注册项目信息,提交项目材料与登记要素表	T-5 日
7	众筹平台核对相关材料信息(预沟通—初审—复审—领导审)	T-4 日
8	信息核对未通过,按照反馈意见补充相关信息和材料	T-3 日
9	信息核对通过后,众筹平台展示项目信息(首次信息披露)	T-3 日
10	投资者通过柜台下单,参与人可以通过众筹平台页面下单	
11	众筹平台薄记投资者认购信息并及时更新认购情况	
12	资金交收,众筹平台冻结募集专用资金结算账户的资金,不允许出金操作	募集期间
13	若中止募集,应及时向众筹平台提出申请	募集期间
14	通过众筹平台及时发布融资项目募集情况(信息披露)	募集期间
15	众筹平台提供可筛选的投资者认购名册	募集期结束
16	将筛选投资者的结果提交众筹平台	募集期结束后三个月内
17	若募集失败,则预先垫付利息,通过众筹平台对已缴纳资金加算利息退款	
18	组织投资者签署股权认购合同或合伙企业入伙协议	
19	若需验资,则将募集资金转至融资者开立的银行验资专户,进行验资工作	
20	完成工商登记,将工商登记结果反馈至众筹平台	
21	众筹平台募集专用资金结算账户内资金解冻,办理募集资金的出金	募集成功
22	募集资金在登记完成前已经转至银行验资专户的,众筹平台同商业银行发出资金解冻通知	
23	若筹备失败,则向众筹平台出具筹备失败说明材料,并对已缴纳资金加算活期利息进行退款	募集失败
24	若工商登记失败,则向众筹平台出具工商登记失败说明材料,并对已缴纳资金加算活期利息进行退款	
25	募集资金在登记完成前已转至银行验资专户的,若工商登记失败,则商业银行将验资专户中的资金加算同期银行活期利息进行返还	
26	按约定履行投后管理职责,通过众筹平台披露相关信息	投后管理期间

2. 需要相关材料

股权众筹过程中各部门需要的相关材料见表 3-2 至表 3-5。

表 3-2 服务机构需要递交的相关材料

序 号	服务机构需要递交的材料	目 的	备 注
1	股权认购合同或合伙企业入伙协议	投资者签署	—
2	公司章程或合伙协议	投资者查看	融资者报送融资服务机构
3	股权众筹商业计划书	投资者查看	融资者报送融资服务机构
4	风险揭示书	投资者查看	
5	尽职调查报告	众筹平台查看	
6	投资者适当性标准	投资者查看	
7	工商登记结果	确认募集成功，办理出金	

表 3-3 服务机构签署的协议

序 号	服务机构签署的协议	目 的	备 注
1	募集资金的三方监督管理协议	验资情形下的资金监管	众筹平台提供签署的协议
2	报价系统资金结算服务协议	—	众筹平台提供签署的协议

表 3-4 服务机构填写的要素

序 号	服务机构填写的要素	目 的	备 注
1	TA 登记参数表（股权众筹）	众筹平台登记	众筹平台提供参数表
2	项目交易参数变更申请表	变更登记参数	众筹平台提供参数表

表 3-5 投资者签署的材料

序 号	投资者签署的材料	目 的	备 注
1	投资者适当性声明	投资者适当性管理	众筹平台提供范本
2	项目风险揭示书	—	—
3	报价系统免责声明	投资者确认	电子声明，在线确认

3.6　股权众筹商业计划书的填报要求

创业者根据平台的要求，首先填写一份商业计划书，并填写融资额度等需求，如果投资人看上这一项目，则选择跟投或领投这一项目。众筹平台的商业模式是，每撮合成功一个项目，便会收取相关的费用，这些费用包括提成，以及一些税务的相关费用。目前，国内的众筹平台通过向项目方、投资方收取相关费用获得发展。

商业计划书是企业经营的"兵棋推演"，用来初步分析创业目标实现的可行性，也用来评估创业者的管理水平和创业项目的发展能力。因而投资人在考察项目的过程中，对商业计划书的质量是比较看重的。

股权众筹的发起人如何能够完成一份高质量商业计划书呢？招股说明书的结构、要点、披露范围等对股权众筹商业计划书来说，具有重要的参考意义。

1. 满足商业计划书的通用要素

制定商业计划书的根本目的是要说明清楚，创业企业需要多少资金，以及为什么值得进行该笔资金的投资。

通用的商业计划书大致包括十部分来说清楚以上两个问题。

（1）摘要。让读者能够在最短的时间里评估商业计划并做出判断。

（2）企业和项目介绍。

（3）产品/服务介绍。重点是新技术、新工艺或新商业模式将带来的新发展。

（4）市场需求。

（5）市场销售渠道。

（6）产品/服务的定价策略。在市场波动中，企业需重视现金的收支，因此流动资金常常比利润更为关键。

（7）发展战略和风险分析。

（8）企业管理的重要方针、政策与措施。

（9）销售预测和财务预测。

（10）其他需要说明的事项，如选择投资者的条件和要求等。

2. 体现股权众筹商业计划书的独特性

1）平民化

目前，在股权众筹平台上的投资方一般以个人投资者为主，平台运作方式上也表现出平民化风格。因而商业计划书的结构要简单，具有去权威化特点。如果一味地按照传统投资基金经理的标准完成一份商业计划书，估计投资人们就会大呼没劲。例如，云筹在开发项目时，并没有像传统投资机构那样要求创业者一定要有严谨的商业计划书，也没有把商业计划书放到网站上供投资人下载或审阅，而是把商业计划书的核心关注点和精髓抽取出来，做成可读性和视觉效果更好的材料，比较注重移动阅读和"美术"体验，特别强调阅读的趣味性。

对那些缺乏经验的个人投资者，特别是在网上寻找项目的投资人而言，阅读商业计划书是件很头疼的事，他们更乐意对自己感兴趣的或者原本比较熟悉的领域的项目进行投资尝试，毕竟众筹投资门槛低，一旦成功，收获和趣味无穷。专业而正经的投资分析与判断，需要领投人关注更多，也依靠像云筹那样的投资经理团队把握。

2）具有招股说明书的属性

招股说明书是就融资或发行股票中的相关事项向公众做出披露，并向非特定投资人提出入股要约的邀请性文件。可以这么说，股权众筹的商业计划书就是一份招股说明书。在传统意义上，商业计划书是为少数特定投资人进行融资或其他目的而制作的文件，而招股说明书用于公开融资招募股东而制作的文件。股权众筹不能避讳招股的属性，招股说明书的结构、要点、披露范围等对于股权众筹商业计划书具有重要的参考意义。

3）特有内容和投资人的福利

股权众筹项目的产品设计，要有特色地设计投资人权益、参与机会和资源利用，在其商业计划书中则需要对这些设计的内容进行表述和披露，这些内容包括但不限于向投资人免费赠送一些新产品，给投资人试用机会，提供特别 VIP 的待遇……让投资人更深刻地认识到新产品的作用和意义，同时利用投资人的社会关系有效地扩大新产品的影响力，开拓销售渠道。

4）需要符合众筹平台的要求与规范

股权众筹一般是通过平台来进行众筹，可以充分利用平台的标准化服务，利用平台的广泛资源型群体，这其中就包括遵从商业计划书的要求与规范。若融资不通过平台来进行，则可能每个人表述同一个项目的角度和详略都不同，若通过平台，则一致而规范。众筹项目是否能够融资成功，一方面取决于项目本身，另一方面取决于平台的传播与背书属性。制作众筹平台的商业计划书，不仅要方便在线浏览，还要方便传播。

5）融资过程中要不断进行内容更新

通过纸质或者文件来传递的传统的商业计划书，只要发出来就已经过时，企业一直在变化和成长中。股权众筹平台一般都是一个互联网在线平台，项目方可以随时更新、补充项目资料，保持重要事项的更新和同步。补充的信息可以是产品进展、团队变化、市场反馈，也可以是融资过程中其他投资人的反馈与评价，以及已实现的融资进展。最新的资料和及时的互动，往往是产生信任感，促进投资人做出投资决定的重要因素。

3.7 股权众筹的风险管理与防控

对股权众筹平台而言，风险管理是核心。目前对股权众筹平台来说，最大的难点在于风控。如何选择合适的项目，并将其标准化，变成可在线向投资人展示的互联网产品；如何确定合理的估值，募多少资金，出让多少股份合适；如何合理且充分地展示项目信息；如何选定合适的领投人；如何进行投后管理，保证投资人"帮忙不添乱"；投资人未来如何退出……这一系列问题都考验着平台的风险管理能力。

3.7.1 股权众筹的风险

众筹作为人们理解中的"凑份子"，已经成为许多人实现梦想的一种新兴形式。因为其具有低门槛、多样性、汇集草根力量、注重创意等特点，被众多业内外人士一致看好，并被认为是互联网金融非常热门的领域。那么，股权众筹的风险有哪些呢？

1. 投资活动的固有风险

风险与收益是投资活动中相伴相生的产物，只要参与了投资，就必然要承担某种程度的风险，这属于基本的商业常识。股权众筹作为一种投资渠道，也不可避免地附带着这类风险。

1）公司持续亏损

由于目标公司大多处于初创期，发展前景不明朗，盈利能力无保障，所以投资者是否有回报就存在着高度的不确定性。当然，有人指出既然选择成为公司股东就要和公司共进退，不能只想着盈利分红而不愿承担公司亏损。必须要指出的是，根据法律的规定，股东确实只有在公司盈利的前提下才能请求分配利润，法律当然不能承诺每笔投资必然有回报。但是并不能因此就忽略了投资者加入公司可能面临的风险，而此种风险对于作出投资决定与否往往起着重要的作用。

2）公司大股东利用控股地位侵害小股东权益

公司大股东利用控股地位侵害小股东权益的风险或许是大多数缺少投资经验的投资者容易忽视的。公司有盈利并不一定会分配利润，公司是否分配利润、分配多少是由公司股东会所决定的，而股东会的运行机制实行资本多数决定，换言之，大股东在股东会上往往起着决定性的作用。一般而言，股权众筹的投资者在公司中所占的股份比例都不高，创业团队是公司的实际控制人，公司发展、利润分配、收购合并等重大议题几乎都由实际控制人决定，小股东如果与大股东意见相左，是很难实现自己的主张的。

试想，如果目标公司运营顺利实现盈利，而控制人没有分红意愿，小股东又如何能够保证收益呢？在现实中，长期不分红的有限责任公司甚至上市公司比比皆是，控股股东一方面通过出任管理层获取高额薪酬，另一方面又利用大股东地位左右股东会，导致长期不分红或只是象征性地分红，小股东们进退维谷、处境艰难。当然，法律制度上有小股东退出的机制安排，但这是一种救济手段，不仅需要满足法定条件，而且也耗时费神，与当初的投资设想已相去甚远。

3）股东退出机制不畅

如果是上市公司，则股东的退出机制比较顺畅。因为上市公司的股票可以在交易所自由交易，股东只须卖出股票即可。而在有限责任公司中，由于其闭合性的特点，股东要退出公司甚为不易。一是股东股权转让受限于法律规定，如《中华人民共和国公司法》规定，向股东以外的人转让股权，须经其他股东过半数同意；二是受限于公司章程，如公司章程对股权转让设定其他条件，转让股权时须遵守；三是有限公司股权流动性弱，上市公司股票可以通过交易所便利地交易，而有限公司股权交易有诸多不便，最为现实的困难就是很难找到投资者购买股东欲转让的股权，导致股权要么无人问津，要么折价转让。当然，股东亦可选择法律保留的股东退出机制。

4）股权众筹包含且不仅包含以上这些风险

在股权众筹时，一方面投资者以新增股东身份加入目标公司，而传统闭合的有限公司的股东之间存在较高的信任度，可以彼此制衡；另一方面，融资公司又不像上市公司那样处于监管部门的监管之下，并承担信息公开、接受审计等义务。换言之，参加股权众筹的投资者既没有基于社会人情关系的自力救济，也没有国家强制力的全面保护，这使得本来就欠缺保护的投资者权益更加脆弱不堪。

2. 众筹融资的自有风险

1）公司估值不易确定

公司在初始成立时，各股东依据出资比例享有公司相应的股权，股权比例清晰，一般不会存在争议。然而，在公司成立后，若面向投资者进行融资，融资金额占公司股权多大比例，则是容易确定的问题。例如，某公司发布融资需求 100 万元人民币，出让股权比例 10%，按此计算可知公司估值为 1000 万元人民币。摆在投资者面前的问题是，如何确定公司估值。在公司估值的背后，实质上反映的是新增股东所占公司股权比例的问题，这是涉及股东权益的最根本所在。

在风险投资或天使投资中，一般投资方实力较强，也具备投资领域的专业知识，可以通过聘请专业评估机构对公司资产进行正确评估，进而确定股权比例问题。如果是上市公司需要再融资，则其条件更为严格，由专门的资产评估公司出具评估报告是必需条件，同时，评估公司还要对评估报告真实性负责。无论是有限责任公司还是上市股份有限公司，外部投资者很难获取公司的资产、经营、负债等信息，故而进行融资新增股东时，必须要对公司资产做出符合实际情况的评估，以确定新增股东所占股权的比例，这是保护投资者理念的必然体现。

在目前的众筹融资中，融资额几十、上百甚至几百万元人民币的案例比比皆是，然而所占股权比例往往不会很高。例如，某家注册资金 10 万元人民币的公司，刚成立不久即发布融资需求 30 万元人民币，出让股权 10%，由此可算出公司估值 300 万元人民币。但是，通过检索，未找到相关的资产评估报告，因此，无法知道融资方如何确定公司估值，如何保证新增股东所占股权的合理性。在此情况下，融资金额已经超出注册金额或公司资产且出让股权只占很小比例，这违背了公平原则，甚至可能会出现公司大股东"花别人钱、办自己事"的情况。

2）众筹平台如何管理融资款项

目前，众筹平台一般都把自己定义为中介平台，不参与实际的投融资活动。由于融资不确定性和时间差等原因，融资款总是汇集到平台并且沉淀下来，平台实际上发挥了管理的作用去管理、划拨相应的款项，如融资成功则把相应的融资款划拨到目标公司，如融资失败则把认缴款退回给相应的投资者等，这都依靠平台的业务水平、管理能力、风险控制等因素。近期相继出现的 P2P 借贷平台关闭事件表明，以第三方平台为中介的融资活动，平台也极易出现风险，虽然目前尚未有众筹平台出现类似事件，但风险不容忽视。

3）融资结束后没有监管

上市公司因其向社会公众募集资金而具备公众属性，为公众利益考虑故而需接受监管部门严格监管，承担法律规定的一系列义务，从最大限度保护投资者的权益。而通过股权众筹进行融资的公司并非上市公司，故不能适用《中华人民共和国证券法》关于上市公司融资及监管的规定，作为融资中介的众筹平台对融资公司进行后续监管也于法无据。在现实中，众筹平台对公司进行监管也非易事，要受制于成本、专业、资质等因素。公司融资后，其资金运用是否合理，管理层是否尽勤勉义务，大股东是否滥用公司法人资格，公司盈利能力是否增强等，并没有相应的制度要求其公开或接受监管，甚至投资者完全不知公司是否营业，有些投资者连公司的基本信息都无从知晓，更无法获得投资收益。投资者可曾想过如果公司融资后短时间内宣布破产，自己的投资又有何保障？

当然，成为公司股东后的投资者可依《中华人民共和国公司法》行使相关股东权利，并对公司进行监督，但是鉴于众筹面向公众融资的开放属性，此种监督力度实属偏弱，不足以全面保护投资者。归根到底，这是由于目前国内法律未明确众筹的法律地位及监管措施所致。在相应法律出台前，已经完成的众筹融资项目无不暴露在风险中，若要控制风险，则需要从制度上进行规划。

3. 操作模式的特定风险

1）持股方式

众筹最具特点的环节是，投资者并不直接成为公司股东，而是协议成立有限合伙企业，对内将众多投资者集合在一起，对外以单一主体身份加入目标公司。目前，几乎所有的股权众筹平台都采用了合伙企业的模式。

这种利用法律技术设计出来的模式是符合程序的，但选择制度的合理与否更要看该制度的宗旨与其适用环境的目标是否相一致。合伙企业是区别于公司法人的一类组织体，以合伙人彼此信任为基础，具有明显的人合性，其特征是共同出资、共同经营、共负盈亏、共担风险。合伙企业得以存在并发展的基础在于合伙人之间的紧密联系和高度信任，若离开这个基础，则合伙企业将变得脆弱且充满变数。在股权众筹中，投资者订立合伙协议组成有限合伙企业成为有限合伙人，不仅彼此间无信任基础，更因有限合伙人的地位而对外没有执行合伙事务的权利，因此必须由特定的普通合伙人执行合伙事务，这种对内缺少信任基础、对外难以主张权利的合伙企业，实难料想其生命力。

当然，有人认为有限合伙的普通合伙人会忠实履行义务，保障全体合伙人的利益，其在公司行使的股东权利就是其代表合伙人行使权利。这种主张是建立在全体合伙人意见高度一致前提下的理想状态，但是，全体合伙人、全体股东意见一致的局面几乎不可能出现。从权利义务角度来说，有权利不行使和权利被剥夺是两种截然不同的法律状态。有限合伙人的地位成为投资者主张其股东权利的最大的障碍。如果无法主张股东权利，对于投资者而言股权众筹也将失去意义。

有限合伙形式在近年来频频被运用到融资领域中，如地产项目的信托计划、定向借贷等。或许众筹业界是从其中得到启发并将其引入到股权众筹中，一方面可以解决《中华人民共和国公司法》中关于股东数量的规定，另一方面保证新增股东不至于过于分散从而有利于公司治理。股权与债权最大的区别在于，债权到期后债权人享有还本付息的请求权，而股东一旦出资则资金成为公司的财产，股东只享有利润分配的请求权，这本身就是股东权利的具体表现之一，而有限合伙的形式恰恰限制了投资者主张股东权利，这正是有限合伙之于股权众筹最大的悖论。

2）领投"陷阱"

在融资需要发布后，融资方往往会寻找有投资经验的专业投资人士先行认购部分股权，然后由其成为领投人，待其他投资者认购满额后，领投人牵头成立有限合伙企业并成立普通合伙人，其他投资者为有限合伙人，领投人对外代表有限合伙执行事务。这样的操作思路与 P2P 借贷类似，以领投人的信用（包括投资经验、工作经历、个人资产等）为项目进行"信用增级"，以加强投资者信心，解决融资方资信不高的问题，推进融资顺利完成。

在金融领域，信用增级是融资中经常运用的手段，功能是降低风险和提高偿付能力。而众筹中的领投人既没有降低项目的风险也没有提高偿付能力，对项目的资信无实质性提高。领投人更多的是一种宣示功能，向投资者展示该公司在某个领域被认可的程度。但必须指出，在我国社会征信体系尚不完备的情况下，个人信用的功能非常有限，仍不足以支撑实体中的风险管理需求。部分众筹平台要求领投人对融资方进行担保，但从已有 P2P 经验来看，这种担保的功能亦非常有限。

领投人的角色容易诱发道德风险。在美国一部描述华尔街的电影里一位投机者这样表述道德风险："道德风险就是有人拿走了你的钱，但却不用为此负责。"融资开始后，融资方与领投人事实上已经达成某种紧密的联系，领投人不仅对融资是否能够如期完成起到非常重要的作用，而且在以后的公司管理中也代表众多投资者实际履行其在公司的股东权利，是否能够忠实代表投资者利益而行使权利完全依靠领投人的个人品质。然而，在整个过程中对领投人行为并无太多的约束条件，相反其得到的现实利益却是量化可见的。如果说在地产项目信托计划和 P2P 借贷领投人所获融资方的"报酬"还处于暗处的话，那么，一些众筹网站明确建议融资方给予领投人的股份回报则把此种利益公开化、固定化。虽然没有法律禁止这类行为，但是领投人优先实现或多获得的利益，某种程度上是来源于其他投资者，这对于投资者而言就是一种不公平。如果融资方和领投人恶意串通，那么投资者风险将会迅速放大，后果不言而喻。

3）风险重叠

以上对风险的讨论都是单独进行分析，在现实中，往往会出现多种风险同时叠加，如有限合伙的退出机制问题、不良公司的恶意融资问题等。股权众筹的风险相当高，一般投资者或者没有投资经验的投资者难以发现、承受如此高的风险。但是，股权众筹是新兴互联网金融的代表，对于提高融资效率，鼓励创业发挥着重要的作用，甚至可将其视为我国建设多层次资本市场中的一部分。

国外良好的经验也给我国提供了借鉴，只要制度落实，监管到位，众筹的风险是可控的。目前成熟的资本市场发展表明，监管一直在资本形成和投资者保护这两个目标中寻找平衡点，但应更偏向于对投资者的保护。加强投资者保护并不会降低资本市场效率，反而会通过营造公平公正公开的环境，鼓励更多投资者参与其中，从而促进资本形成，或许这才是股权众筹发展的根本。

3.7.2 股权众筹在不同运行阶段的风险

1. 审核阶段

（1）对于发起人项目信息的真实性与专业性，众筹平台在审核过程并没有获得专业评估机构的证实，项目发起人和众筹平台间具有的利益关系（众筹平台在发起人筹资成功后，从其所筹资金收取一定比率的佣金），很可能使审核不具有显著的公正性。众筹平台在其服务协议中通常会设定审核的免责条款，即不对项目的信息真实性、可靠性负责。平台项目审核这一环节实质上并没有降低投资人的风险，投资人很可能需要花费大量的成本用于事前审查，以降低合同欺诈的风险。

（2）我国法律对非法集资的认定为：未经部门批准或借合法经营为由，通过媒介向社会公众（不特定对象）宣传，承诺未来给予一定的实物、货币、股权等作为回报的筹集资金的方式。股权众筹是借助互联网平台通过买卖股份实现投融资的过程，若要符合法律法规，则需要解决"不特定性"问题。由于互联网的公开性和交互性，使得股权众筹期初面临的投资者总是不特定的，为了不触及法律红线，众筹平台必须通过一系列的实名认证、投资资格认证等方式，将不特定的投资者转化为特定的、具有一定资质条件的投资者。

2. 项目展示与宣传阶段

项目发起人为获得投资者的支持，需要在平台上充分展示项目创意及可行性。但是，这些项目大都未申请专利权，故不受知识产权相关法律保护。同时，在众筹平台上几个月的项目展示期也增加了项目方案被山寨的风险。

3. 项目评估阶段

项目的直接发起者掌握有关项目充分的信息及可能的风险，为了能够顺利地进行筹资，其可能会提供不实信息或隐瞒部分风险，向投资者展示"完美"信息，误导投资者对项目的评估与决策。项目发起者与投资者信息不对称，将导致投资者对项目的评估不准确。

4. 项目执行阶段

（1）众筹平台归集投资者资金形成资金池后，可能在投资者不知情的情况下转移资金池中的资金或挪作他用，导致集资诈骗罪等。众筹平台一般没有取得支付业务许可证，但一些平台却充当着支付中介的角色，违背"未经中国人银行许可,任何非金融机构和个人不得从事或变相从事支付业务"的法律法规。

(2)项目发起者在募集资金后,可能没有兑现项目承诺,甚至将资金挪作他用,平台投后管理不足导致投资者资金损失;发起人获得筹资后,资金的用途、流向若无法得到投资者的有效控制,抑或发起人对资金的使用不受法律约束,也将导致投资者资金损失。

(3)众筹项目有一部分技术处于开发阶段或技术试验阶段,如果研发生产出来的产品无法达到预期的功能,或者产品的瑕疵多,项目的投资者将会蒙受损失。现代知识更新加速,新技术的生命周期缩短,若一项技术或产品被另一项更新的技术或产品替代,或者实力雄厚的企业率先研发生产出类似产品,发起人的项目价值将大为下降,投资者也有可能面临损失。

(4)发起人自身综合素质有限,未能很好地落实项目方案,导致项目经营失败;投资者在对项目监管过程中,与发起人沟通不畅,阻碍了项目的正常经营。

3.7.3 股权众筹投资的风险来源

如果投资者没有专业的能力和充分的退出机会,那么股权众筹投资和赌博没有本质的区别。这是因为,一方面,投资者需要有足够的专业能力,以便在投资前深入调查众筹企业,在投资后监管众筹企业。另一方面,如果投资者很难有途径出售手中的股权,那么他便没有机会退出并变现。

1. 专业能力不足

通常,初创企业的资金一般来自三个方面:自有资金(包括家人、朋友提供的资金)、天使投资人、风险投资。现在,股权众筹提供了第四种资金来源。股权众筹和天使投资、风险投资一样,都是创业者和创业企业的外部资金。但是,正如沃顿商学院教授 Luke Taylor 所认为的,股权众筹导致了投资人的普遍化,一般情况下,比起专业的风险投资人或天使投资人,普通人没有足够的能力从坏公司中筛选出好公司。

2. 退出渠道匮乏

股权众筹投资人的投资回报，有分红、并购、IPO 上市三种形式。

（1）分红：众筹企业如果有利润，而且公司决定分红，那么众筹股东可以根据持股比例得到一定的分红。

（2）并购：众筹企业被其他公司并购，如股权或者核心资产被另外一个公司收购，众筹股东可以根据其持股分享到收购的价款。

（3）上市：众筹企业如果成功上市，那么众筹股东就可以在公开证券市场上出售自己持有的公司股票。

对于分红，一方面，众筹股东持股比例通常非常低，可获得的分红也会非常少；另一方面，初创企业的利润往往相当微薄，甚至长期不盈利，乃至亏损，分红的投资回报也就成了镜中花。

对于并购和上市，据统计，绝大部分初创企业都会在五年内垮掉，能够成功被并购和上市的是极少数。在欧洲，2012 年只有 15% 的风险投资通过并购实现了退出；通过 IPO 退出的概率更低，只有 5%。并购和 IPO 对于众筹投资人来说，很可能也只是水中月。

3.7.4 股权众筹的风险管理与控制

一个完整的股权众筹项目，在各个阶段都可能存在对众筹投资人不利的情况。必须在各个阶段加强对股权众筹项目的风险管理与控制。

1. 考察众筹企业

投资前对企业进行尽职调查，是确保投资回报的一个重要因素。有报告表明，尽职调查时间在 20 小时以上的投资项目，其投资回报会高于尽职调查时间不足于此的投资项目。在投资一家企业之前，风险投资人或专业的天使投资人一般都会对企业进行尽职调查。这种尽职调查可能需要相对较长的一段时间,也需要花费一定的成本。但是众筹投资往往没有真正意义上的尽职调查。

绝大多数众筹投资人都不是专业的投资人,不具备正确评估一家公司的专业能力。由于众筹投资人的投资金额一般比较小,也不太可能承担得起聘请第三方进行尽职调查的成本。

此外,众筹投资人在考察投资对象时,可能会受到社会潮流和羊群效应的影响,盲目跟从其他人的投资决策。而且,在实践中,无论是投资人还是众筹企业,都会存在盲目高估投资回报和企业前景的心理倾向。

2. 对股权众筹融资项目进行估值

众筹企业准备进行股权众筹融资时,对其市场价值的评估通常是企业自己确定的。众筹企业一般倾向于抬高自己的估值。但很多时候,众筹企业拥有的只是一个商业计划书,甚至仅是一个创业点子,而这些本身是不值钱的。

众筹投资人投资金额不大,缺乏议价能力,且投资人人数众多,难以协调一致行动。同时,众筹投资人通常不太善于与众筹企业协商估值问题。如果对企业没有正确的估值,那么即使企业发展成功,投资人也很可能得不到预想的投资回报。

3. 在投资协议中设定投资人利益保护条款

由于初创企业具有极高的投资风险,在专业人士或风险投资人签署的投资协议中,必须设定保护投资人利益的条款。例如,对赌条款、反稀释条款、优先权条款、跟随权、回购权等。股权众筹投资时,投资人签署的投资协议,要么是众筹平台统一提供的模板,要么是众筹企业提供的格式合同,而投资人保护性条款很可能不会出现在股权众筹的投资协议中。

4. 投资后的监督和管理

天使投资人和风险投资人对创业企业不仅可以投入资金,而且还可以提供资源,包括积极帮助企业改善管理、开拓市场、提升企业价值,从而使其投资增值。众筹投资人可能也会对企业提供这样的支持，但是通常其支持的力度会远远小于专业的投资人。其原因在于：一方面，由于各个众筹投资人的投资金额不大，因此很可能没有为众筹企业提供资源的积极性。即使企业因某个投资人的帮助提升了价值，平摊到这个投资人身上投资回报也并不多；另一方面，如果太多投资人积极参与，那么对于小型企业来说，协调和管理一大堆热情高涨的投资人，也是一件非常麻烦的事情，还很可能耗尽了企业绝大部分的精力和成本。

此外，投资后管理中也存在着非常严重的信息不对称，这也限制了投资人参与监督管理的可能性。公司法虽然赋予了股东知情权，但是这些知情权都局限在非常宽泛的事项上，如财务报告、账簿、股东会、董事会决议等，众筹股东几乎不太可能有机会了解和参与企业的日常经营。实际上，即使众筹股东掌握了足够的信息，也可能没有专业能力辨识其中的经营风险。与之相对应，天使投资人和风险投资人很可能在企业中拥有董事会席位，有的天使投资人还积极参与到初创企业的经营活动中来。这种信息不对称，造成了众筹投资人几乎无法监管企业。

股权众筹缺乏必要的信用体系。例如，由于网购存在信用评级系统，店家会很注意自己的行为，尽可能遵守基本的商业道德，以保持一定的信用等级，从而有利于长期的商业交易活动。但是，股权众筹则往往是一锤子买卖，偶然性交易，通常一个众筹企业或者一个众筹发起人只会有一次众筹行为，因此其很可能没有足够的动力和远见来约束自己的行为。此外，也没有一个合适的平台为众筹企业建立相应的信用机制。

5. 建立良好的退出机制

即使企业顺利实现了并购或 IPO，在这之前往往都需要经历很长的一段时间。通常，企业做到 IPO 很可能需要 5—10 年，甚至更久。而众筹投资人通常很可能没有意识到，股权众筹投资实际上是一种长期性投资。更何况，其中大部分投资是无法收回回报的。在这么漫长的时间里，众筹投资人对企业还缺乏有效监管，这导致获得投资回报的可能性将进一步降低。

众筹投资人的投资不仅具有长期性，还具有低流动性的特点。众筹企业不是上市公司，其股权无法公开、自由地买卖。众筹企业的经营信息不公开，市场价值无法有效评估，因此众筹投资人很难找到愿意接盘的人；即使找到了，如果没有完善的股权交易系统，假设每个投资人都频繁地进行股权交易，则企业将会被这些事务占去太多的精力，以至影响经营。

相比之下，天使投资人和风险投资人在进入企业时，已经以退出为核心建立了完整的投资策略，如通过对赌机制确保必要时股权回购，在后续轮融资时转让部分股权，积极推动企业被并购或上市等，这些都是众筹投资人无法做到的。

3.7.5 股权众筹涉及的法律风险

由于目前国家及地方政府都没有制定股权众筹的法律法规及规范性文件，一切都是"摸着石头过河"，因此，作为一种新兴的互联网金融业态，涉及的法律风险主要是股权众筹过程中的合法性问题，以及投资人的利益保护问题。

1. 股权众筹过程中的合法性

《中华人民共和国证券法》第十条规定：公开发行证券，必须符合法律、行政法规规定的条件，并依法报经国务院证券监督管理机构或者国务院授权的部门核准；未经依法核准，任何单位和个人不得公开发行证券。有下列情形之一的，为公开发行：（一）向不特定对象发行证券的；（二）向特定对象发行证券累计超过二百人的；（三）法律、行政法规规定的其他发行行为。非公开发行证券，不得采用广告、公开劝诱和变相公开方式。

《中华人民共和国刑法》和《最高人民法院关于审理非法集资刑事案件具体应用法律若干问题的解释》规定的"擅自发行股票、公司、企业债券罪"的构成要件包括：（1）未经国家有关主管部门批准；（2）向社会不特定对象发行、以转让股权等方式变相发行股票或者公司、企业债券，或者向特定对象发行、变相发行股票或者公司、企业债券累计超过 200 人，即"公开发行"，（3）数额巨大、后果严重或者有其他严重情节的。

从股权众筹的角度来看，如果"向不特定对象发行证券"或者"向特定对象发行超过 200 人"的，必须经证监会核准。股权众筹这种方式的本质就是面向大众，准确地说，本身就是面向不特定的大众；而这又与现行的法律法规是完全冲突的。在现有法律法规的框架范围内，股权众筹若要不触及法律法规的红线，就需要注意两个红线不能碰，一是向不特定的公众发行股份；二是向超过 200 位特定的人发行股份。那么，如何规避现有法律的强制性规定呢？

（1）股权众筹平台不能采取完全开放式的运营模式，应当对用户采取一定的限制，如实行会员制，并且让会员进行实名登记认证，使不特定的大众转变为股权众筹平台特定的会员，从而避免触及"向不特定的公众发行股份"的红线。

（2）股权众筹平台仅进行股权众筹预约，股权众筹预约后再由众筹平台安排投资人与融资人见面商谈，股权众筹在线下完成，从而使股权众筹的对象变为特定的人，而非不特定对象。

（3）股权众筹的对象与股权众筹的发起人，即进行股权众筹的小微企业的全部股东，不得超过 200 人；如果进行股权众筹的小微企业是有限公司形式，全部股东不得超过 50 人。因此，进行股权众筹的小微企业在设计股权众筹方案的同时，就应当将股权众筹的人数及需要众筹投资的最低数额考虑进去。

（4）协议代持。一些股权众筹项目在实际操作中采用协议代持的方式，变相地扩大众筹参与的人数，实际上，这本身就具有很大的风险，一方面虽然是股权代持，但是实际股东却是超过 200 人，同样触及了"向特定对象发行超过 200 人"的红线；另一方面由于股权众筹的投资人来自五湖四海，完全素不相识，股权代持同样隐含股权权属争议的法律风险。

(5)线下组建合伙企业。尽量不要采取股权代持的方式进行股权众筹,最好采取由领投人与跟投人线下组建有限合伙企业的方式进行股权众筹。投资股权众筹企业,这既不违反公司法的规定,又不至于触及了"向特定对象发行超过 200 人"的红线。当然,最好的方法就是,设定股权众筹企业的全部投资人不超过 50 人。

2. 股权众筹投资人的利益保护

绝大多数股权众筹投资人不是专业投资人,缺乏投资经验,而且投资金额一般相对较小,相对于股权众筹发起人以及主投人而言,往往处于更为劣势的地位,其股东投资权益更容易受到侵害。因此,股权众筹应当优先考虑股权众筹投资人的投资权益保护。

目前,国内比较流行的股权众筹模式是由领投人对某个项目进行领投,再由普通投资者进行跟投,领投人代表跟投人在投资后参与股权众筹企业的经营管理,出席董事会,获得一定的利益分成,且领投人往往都是业内较为著名的天使投资人。另外,天使投资人往往会成为有限合伙企业的 GP,但是如果领投人参与的众筹项目过多,则精力难以兼顾。解决问题的核心是,股权众筹企业完善公司治理,规范经营,加强信息披露,确保投资人的知情权与监督权。

股权众筹企业在设计股权众筹方案时,应当充分考虑众筹股东的退出机制,而且应当在股权众筹方案中予以披露。

众筹股东的退出主要通过回购和转让两种方式。如果采用回购方式退出,则股权众筹企业自身不能进行回购,只能由公司的创始人、实际控制人或原有股东进行回购;如果采用股权转让方式退出,则原则上应当遵循公司法的相关规定,并且最好在股权众筹时就约定退出的条件,以及股权回购或转让的价格计算。

如果出资人直接持有公司股权,则相对简单,但实践中大多采用有限合伙企业,出资人如要转让或退出,就涉及有限合伙份额的转让。关于这一点,也最好能够在投资前的有限合伙协议书及股权终筹协议中予以明确约定。

3. 股权众筹与非法集资犯罪的差异

股权众筹是指投资者投入一定的资金，获得公司的股权，从而获取股权所带来的收益。股权众筹的行为特征和非法集资存在较大的差别。

（1）判断股权众筹和非法集资犯罪的标准是是否承诺规定的回报。

非法集资犯罪通常都以承诺一定期限还本付息为标准，且承诺的利息往往会高于银行的利息，而股权众筹则是项目发起人通过众筹平台召集有共同兴趣的朋友一起投资创业，股权众筹没有承诺固定的回报，只是通过投资获得相应的股权，从而获取股权所带来的收益。股权众筹还会详细告知投资人应承担的责任或者享受的权利。

（2）判断股权众筹和非法集资还有一个重要的标准就是是否干扰了金融机构的管理秩序。

只有当行为人非法吸收公众存款，用于货币资本的经营，干扰到我国金融管理秩序时，才能认定其扰乱金融秩序。而股权众筹募集的资金，往往是投向一个实体的项目，不是进行资本的经营。因此，股权众筹不是非法集资。

（3）股权众筹与擅自发行证券的差异。

证券是各类财产所有权或债券凭证的通称，是证券持有人有权依票面所载内容的证明，是取得相应权益的凭证。

《中华人民共和国证券法》第二条适用范围明确指述：在中华人民共和国境内，股票、公司债券和国务院依法认定的其他证券的发行和交易，适用本法；本法未规定的，适用《中华人民共和国公司法》和其他法律、行政法规的规定。政府债券、证券投资基金份额的上市交易，适用本法；其他法律、行政法规有特别规定的，适用其规定；证券衍生品种发行、交易的管理办法，由国务院依照本法的原则规定。因此，从规定来看，"公开发行证券"行为仅指"股票、公司债券和国务院依法认定的其他证券的发行和交易"。

股权众筹是为解决小微企业的融资需求，通过众筹平台，向大众召集股权众筹投资人，共同投资股权型项目，其股权不能随意公开转让；且并不是以不正当获利为目的的公开出售股权和股票的行为；并不属于《中华人民共和国证券法》所规范的内容，不属于该法提到的"公开发行证券"的情况。

4. 股权众筹需要特别注意的几个问题

（1）股权众筹资金不得由股权众筹平台直接收取，而必须由托管银行或第三方支付机构收取。

股权众筹平台应当定位于只为融资投资双方提供促成股权众筹居间服务的互联网金融服务平台，应当起到居间中立的作用。股权众筹平台不得直接收取，也不得接受股权众筹发起人的委托代收众筹资金，股权众筹资金必须由托管银行或第三方支付机构收取。股权众筹完成后，应当经股权众筹平台书面确认，由托管银行或第三方支付机构将股权众筹资金直接支付给股权众筹发起人即融资人。若股权众筹未能在约定的期限内完成，股权众筹平台应当书面通知托管银行或第三方支付机构，将股权众筹资金直接返还给股权众筹投资人，即通过原支付途径返还给交款人。

（2）股权众筹平台不得为股权众筹发起人即融资人提供任何担保。

股权众筹平台应当独立于股权众筹发起人，即融资人，除了向股权众筹发起人正常收取平台佣金外，不得与股权众筹发起人有其他经济往来，以利于保持独立的居间地位。股权众筹平台更不得为股权众筹发起人向股权众筹投资人提供任何形式的担保。

（3）股权众筹项目不应由其他第三方为股权众筹投资人提供任何形式的担保。

股权众筹的根本目的就是，为了小微企业或项目创意人的创意项目解决融资难的问题，引入低成本资金，促进小微企业的快速发展，增加赢利，从而使股权众筹投资人的股权投资得到较好的回报。股权众筹是一种股权投资金额相对较小，投资风险较大，面向一般小微投资人的普惠金融。股权投资本身也具有投资风险大的特点，普通的公司股权投资也不存在其他第三方提供担保的情况。如果引入其他第三方为股权众筹投资人提供担保，则违背了股权众筹的根本目的，势必增加通过股权众筹进行融资的小微企业的财务负担，从而也摊薄了股权众筹投资人的股权投资收益，违背了投资人参与股权众筹的初衷。担保一般是指一般债权的担保，而股权投资不同于一般债权，引入第三方为股权众筹投资人也违背了股权投资的基本原则。因此，股权众筹项目不应存在由其他第三方为股权众筹投资人提供的任何形式的担保。

3.8 股权众筹专家论道

2014年8月22日，零壹财经携手长江商学院在深圳举办了《股权众筹的发展趋势和商业猜想》主题论坛。在此次活动中，零壹财经研究总监李耀东、前海股权交易中心研究所所长孙菲菲、深圳互联网金融协会筹备组负责人曾光、天使客创始人曹强和大家投投资总监雷红晖等专家，分享了他们对股权众筹的真知灼见。

1. 零壹财经研究总监李耀东：小额豁免监管思路值得借鉴

从人均投资额上可以看出，在股权众筹领域存在两种趋势或者两种思路，一种思路是偏小额的，像每人2.38万元人民币的；另外一类是每人40.68万元人民币的，相对来说额度就很大了。股权众筹因为投资的是初创企业，风险很高，可能很难确保我的钱什么时候有回报，能不能收回。

股权投资行业或者股权投资本身就是高风险的事情，随着互联网众筹的出现，股权投资的事情向整个社会开放，而且又产生了小额的投资人之后，会对我们的监管产生很多影响。

对于高风险的行业，各国政府从监管上普遍希望对投资人进行保护。最典型的一个原则就是非公众化原则，高风险的事情在小群体里面非公开的做是可以的，但是不要对社会大众，不要让没有风险鉴别能力或者风险承受能力的人都来加入。非公众化的思路最后体现出来一个形式就是投资人适当性制度，给投资人设定很多门槛。

这样一来，它和前面看到的人均投资 2 万多元的投资行为就产生了冲突。每个人只投 2 万多元，从哪个角度都不像高净值人群。这时候对于风险怎么办？可能有些人会坚持合格投资人制度，让一般的低净值或者成长型的人群不玩这个东西，不要搞众筹。这个思路引起很多争议，因为股权众筹在互联网的时代给了很多人投资的机会，让一些普通人能参与一些创新的企业，参与它们的成长的机会。

如果你把这条路堵死了，就抹杀了互联网带来的公平性或者自由。美国对于股权众筹的监管，体现在 JOBS 法案中，里面最核心的思路就是小额豁免。你投资额度很小，假如说每年不超过 2000 美元，就可以进行股权众筹。以前的时候，投资是划了门槛，你在门槛之上可以做；现在划了另外一个门槛，这个门槛是天花板，在天花板下可以做。这是监管上非常有突破性的思路。

股权众筹，我认为它是非常有前途的事业。但是整体来看，也还存在监管的困难和监督的困难，尤其监督的困难需要从流程管理、股权设计和退出机制这些方面来进行更多的考虑。

2. 前海股权交易中心研究所所长孙菲菲：政策是影响众筹火不火最重要的原因

我想从多层次市场的角度来解读众筹。资本市场有两个比较明显的特点，一是期限相对比较长，二是风险在各种市场中比较是相对比较高的。多层次资本市场在中国的解读，就是它多层次多在哪里？为什么需要多层次资本市场？

从两端来说，企业成长阶段、规模、盈利能力、风险都不一样，它们需要钱的数量和还钱的可能性都不一样。从投资人的角度，今天在座的平均年龄 30 岁，可能大家有一定的钱，希望比较高的收益；对一群 60 岁比较有钱的人讲，他们可能期望保本相对有一点增值就好，乃至只要抵抗通胀就好，并且投资人的专业能力是不一样的。如何匹配两端，全世界都是一样，就是构建多层次资本市场，满足不同人对于股权投资的或者金融产品的需要。

什么叫多层次？我更愿意从风险的角度进行多层次划分。其实，多层次资本市场无非是说投资人的风险特征不一样，不同阶段、不同盈利能力所处的行业都代表不同的风险特征。有的投资人想稳定，有的人想高收益，风险偏好不同。

无论美国的 JOBS 法案是否还有缺陷，它出台以后，让美国的众筹市场步入更快的发展阶段，政策是影响众筹火不火最重要的原因。另一方面，如果一个社会老龄人特别多，创新力量在人群中的比例就没有那么高，创新的土壤也不够。这是我对众筹市场理解的两大基本因素，最大的因素是政策，接下来就是创新的土壤。

有些股权交易中心已经开展众筹业务，比如浙江做了一个浙里投模式，广州也有做。如果我们想做的话，可能想做众筹的服务体系，比如说征求意见稿里面有些监管的职能，说同一个企业不能在两个平台上募资，谁去监管它不能在两个平台上募资呢？我们是不是可以做行业协会去做一下这个事情。众筹项目募集成功以后，投资人突然要用这笔钱了，可不可以二手转让？我们希望能够为深圳众筹行业做更多的事情。

3. 深圳互联网金融协会筹备组负责人曾光：股权众筹投资者教育任重道远

怎么定义众筹？证监会定义为网络上的小额资金的汇集，线下的不算众筹。未来众筹的发展趋势是网上私募性质的、小众的、小额的。证监会还是参照了 JOBS 法案的要点。

在监管这块，一定要求融资方真实，平台对融资方必须进行审核，如果融资方是假的，你这个平台是要负责的，而且这个平台收集的资金要按约定的路径来使用，像银行一样，必须要按照用途来使用，否则要承担责任，还要披露相关的信息。

对投资者也有限制，你在众筹平台上投资的话，必须保证你的身份真实，还要保证资金来源合法，还必须自己承担投资的风险，投资者在12个月内对单一融资方的投资上限不能超过1.5万元或者3万元，现在还没有确定。

在现在监管的态势下，我们该不该做众筹平台？如果要做的话，怎么做这个平台？这是我自己的几点看法，不一定对，给大家分享一下。

很多政策限制了我们股权众筹投资者人数，因为我要求投资者又要财产达到多少，又要怎么样，诸多限制，把投资者给限制小了，使其规模难以做大，两头小，融资项目小，投资金额也小，迫使众筹平台往高端和小众化发展，我以后只做会员客户，是会员推送信息，不是会员和我关系不大。

众筹平台怎么盈利？现在国内很多众筹平台的盈利方式是佣金，如融资100万元提3%、5%，也就3～5万元，这很难覆盖众筹平台成本。怎么盈利呢？我觉得还是要后端的投资，就是业绩报酬来进行盈利。比如平台上的股权项目，通过投资基金来进行投资，从后端获取收益，前端获得佣金是很难的。此外，还包括增值服务，类似于工商注册这样的东西，使得企业专心于自己产品的发展。

众筹非常有前景、非常有潜力，但是投资者教育的过程任重道远。中国的投资者还没有达到把自己的一部分工资收入拿来众筹的程度，因为众筹是风险很高的行业，可能血本无归，也可能涨1000倍。投资者教育完成之后，众筹市场才能很大的爆发，现在更多的是小众。

众筹平台将向垂直化和专业化方向发展，因为众筹要承担本身项目的尽职调查和审核，对行业不熟悉，请问你怎么审核项目？审核不了就承担不了对投资者负责的态度。投资者投资失败要追究你勤勉尽责的职责，未来发展方向肯定是垂直化。O2O我非常熟悉，那么我就投O2O。

最后，线下众筹、现场众筹会成为线上众筹的必要补充，人不熟悉还是很难把钱托付给你，线下不一样，大家很熟，经过几次约会和沙龙之后，可能人家会真正掏钱出来。

4. 天使客创始人曹强：股权众筹的发展条件正在形成

我们的平台整个股权投资行业其实都没有多少家，都比较小。目前来看，监管条件比较严，比如说投资人的认证，对企业的尽职调查，我们这些平台基本上人数都比较少，规模都比较小，不像券商有足够的资本金做认证，而且我们的平台就在这里，投资人来自四面八方，如果要对真实性做太多的认证，要全国跑，会给我们带来很大的工作量。

这种监管下来以后，我觉得小的创业公司没有什么机会，只有大的金融集团或者大的 BAT 公司才有资本达到监管的要求。我们也会向监管部门提意见，希望政策达到一定程度的时候再做具体的监管。

股权众筹风险是非常大的。很多投资人打电话到我们平台问：你们有没有担保；有没有回购。实际上，我们投资人中间很大一部分是 P2P 平台过来的，他们奔着高收益过来的，所以就问有没有担保。我说没有，这是非常大的事情，实际上证监会的规定也是为了保护这些人。我们国内的投资人还没有充分认识到这个产品是怎么回事，没有认识到其中的风险，这确实是一个难点。

我的理解是，股权众筹的发展条件正在形成，信息沟通非常便捷，通过社交网络，很容易找到上市公司的问题；社会诚信体系在逐步建立，搜索网络在逐步改善；投资消费观念在改变。我们只有通过股权投资才能分享经济的增长。

但是，股权众筹的投资风险非常高，不是一般的小投资者可以玩的，刚才说的监管的方向我觉得是有道理的，把投资门槛拉高一下，放到一两万元不适合。我们目前的投资者还没有这个风险识别的能力。很多是 P2P 过来的，以为你有担保，一问就是你们这里有多大的收益率，这确实是我们投资者的心态没有变过来。

最后，还需要注意道德风险。我们昨天还碰到一个项目，是很有创意的项目，就三个人在农民房里，跑到我们众筹，我挺看好，但是看他们的条件就很害怕，他们家里也没什么钱，现在也没什么钱。他们要众筹 100 万元，我说也可以，你们众筹 100 万元，但是你们转账第二天跑了，我也不知道上哪儿找你们。虽然一开始没有这个想法，但是人的心态很容易发生变化，一开始没钱的时候做得很好，突然给你 100 万元，你心态就会发生变化。这是非常大的道德风险。

5. 大家投投资总监雷红晖：股权众筹的五个典型问题与应对

股权众筹在 2012 年、2013 年发展比较缓慢，2014 年是爆发期，这受到两个方面因素的促进：一是 P2P 借贷，前几年市场教育可能到了一定程度；二是互联网和移动互联网的的促进。

为什么股权众筹能存在呢？而且还有这么多人非常感兴趣呢？一方面创业项目是百万级的，能够被高大上的 PE/VC 机构看好的很少。另一方面，中产投资人群也是非常广大的，他们有投资能力，有创业情怀，希望能参与早期的投资。股权众筹平台就是服务他们这两群人，我们主要还是做天使和早期 VC 项目，受资金规模的限制。

股权众筹的本质还是股权融资，还有一个特点就是股权投资，这两个东西结合在一起。适合的领域是早期 VC 的项目，当然它有自己的独特创新就是互联网化，它的思维、组织方式、技术，这是它的创新。

股权众筹平台服务费这么低，未来如何呢？我们主要是从两个方面理解，我们一是能够提供有价值的服务，能够解决实际问题；二是自己的模式要做创新。大家投的定位就是互联网天使股权投融资的平台，不仅是融资平台，而且是投资和融资结合的平台。这种模式应该是在线的融资服务商和在线投资管理公司两种角色的复合。

股权众筹面临五个典型问题：一是领投人因为是兼职的方式，可能存在着时间、精力、意识上投入不够的问题；二是项目估值虚高；三是投后管理不畅；四是无法防范联合诈骗的风险；五是退出渠道不完善。

面对上述问题，我们的对策：一是我们项目的估值采取市场竞价，完全市场化，由投资人报价，以他的价格的最低价格为项目的估值最终的价格；二是领投人和跟投人的利益捆绑，我们采取的方式是改变之前给领投人送激励股的方式，把他的利益放到合伙企业，只有跟投人赚钱，领头人才能分享投资收益；三是投后管理和服务，大家投的投资经理来协助合伙人来进行规范，包括信息披露，每个季度要求这个项目披露一次信息；四是投资人的退出机制，我们会引入机构投资人，下一轮投资人会提前介入；五是风险补偿金，主要是防范诈骗风险。风险补偿金的来源有两块：诚意金的制度；每个项目退出的时候会把2%的投资收益拨到风险补偿基金。

3.9 "互联网+"或让股权众筹爆发一场大变革

国务院总理李克强在 2015 年 3 月 5 日第十二届全国人大三次会议 2015 年政府工作报告中，首次提出要制定"互联网+"行动计划，这将对我国社会、经济、文化、环境、资源和基础设施等方面产生深远影响，也将引领创新驱动发展的"新常态"。

1. "互联网+"行动计划

李克强总理在政府工作报告中首次提出，通过"互联网+"行动计划，推动移动互联网、云计算、大数据、物联网等与现代制造业结合，促进电子商务、工业互联网和互联网金融健康发展。

李克强提出的"互联网+"，实际上是创新 2.0 下的互联网与传统行业融合发展新形态、新业态，是知识社会创新 2.0 推动下的互联网形态演进及其催生的经济社会发展新形态。

互联网众筹模式的诞生与发展有着深刻的经济、文化根源，是实体经济变革与金融服务变革共同的结果，并反过来促进二者的深化。每种现代金融制度的诞生，都根源于当时社会经济变革的需求，是时代的产物。

互联网众筹是"互联网+"的特别有代表性的产物。当代商品的生产已经从追求数量转为追求品质，这种品质不仅意味着质量，更意味着符合消费者个性和品位的与众不同。

以美国为代表的发达国家步入富饶经济阶段，飞速提高的生产力使得产品的生产成本急剧降低，蕴含于产品中的"创意"转而成为用户的热情追逐对象和产品的核心增值点。创意与个性正在替代质量与流行，形成商品生产者与消费者的新诉求。

这种新诉求从某种程度上更适合小型、零散的创意与设计企业，而非组织庞大、层阶分明的大型传统制造企业。与此相对应，"大规模融资+高中介成本"已被证明只适合于资金密集型和成熟型企业，无法满足"人人创业、人人筹款"的新时代需求。即使是较为现代的风险投资、天使投资对此需求的反应也都稍显迟钝，市场需要更加直接、社会化、迅速的融资方式。

"互联网+"为这一新型融资需求提供了物质、技术与渠道支撑。首先，通过网络平台，生产者能够直接展示自己的创意，消费者可以直接向生产者预购创意产品，实现投融资双方的直接对接；其次，利用社会化媒体和社交网络，生产者可以接触大量的潜在购买者，购买者也可以选择合适的生产者，实现社会化融资；第三，由于投融资双方可以通过网络直接对接，并通过网络支付渠道直接付款，融资周期大大缩短。互联网众筹模式正是利用互联网平台的上述优势，同时满足了直接、社会化和迅速这三个融资要求。

2. 促进互联网众筹快速发展的现实条件

在创意与科技驱动的生产模式下，现有的融资模式跟不上时代要求，这是互联网众筹诞生的前提。互联网使得新兴的众筹模式落地，可以有效开展新型融资业务。促进互联网众筹快速发展的现实条件包括以下几个因素。

1）生产力工具的快速发展

以云计算、3D打印、开源平台、数码产品等为代表的高效生产力工具，正使得创业成为人人皆可参与的活动。杰夫·豪在著名的《众包：大众力量如何推动商业未来》一书中写到"工具的革命，是生产力力的革命。工具民主化，引起生产的民主化，销售的民主化"。互联网和低成本（甚至免费的）生产工具使消费者拥有了过去大公司才能拥有的产品设计与生产能力。生产力工具的普及，也极大地激发了普通人的创造性和生产潜力。

便宜的云计算资源赋予了个人参与大规模、技术密集型工作的能力；3D打印技术为每个普通人提供一座小型工厂；开源平台甚至提供了免费的软、硬件解决方案；数码产品使人人都能轻松地进行影像创作。在种种便宜、易获得的生产力工具支持下，普通创业者与大公司的硬件能力差距（尤其是在研制与试制阶段）已经大大缩小，二者真正比拼的是创意与智慧，在这方面大企业未必一直具有压倒个人的优势。这意味着商品的设计与生产已不再仅仅是大企业的特权，每个人都拥有自由发挥的空间，相应地，每个人都有创业的可能。

2）互联网大大降低了交易成本

近年来获得成功的中小企业，尤其是科技企业，往往具有"轻企业"的特点。它们都依靠现代科技大大降低了行业进入门槛和生产所需成本，既不依赖密集的资金，又不依赖密集的劳动力，从而保持轻量化的姿态，并与用户保持紧密联系。

这种模式能够获得成功，很大程度上归功于被互联网降低的交易与沟通成本。轻企业需要频繁地与上下游交易，需要在整个行业调动资源。如果这些活动不通过互联网进行，其成本将急剧上升，从而无法支撑核心商业模式。反过来，善于利用互联网的技术、渠道与思维正是这些企业的成功之道，也为它们挑战行业霸主带来了可能性。

目前，大量依靠众筹模式获得第一桶金的企业都是轻企业，同样分享了互联网红利。

3）创业氛围是促进众筹发展的重要因素

如果探究为什么众筹很早就能够在美国实现商业化和规模化，则可以发现其中一个重要原因是美国有着非常良好的创业环境和创业传统，这得益于"科技崇拜"和"创业崇拜"，如早期的苹果、微软和戴尔，近期的Facebook、Space X和特斯拉汽车都是传奇性的创业案例。

这些创业成功者名利双收，同时也愿意投资初创企业，并鼓励年轻一代的创新与创业，传承良好的创业传统。在国内，鼓励创业的氛围也逐渐浓厚起来，大量孵化器、创业园区、创业基金的成立，不仅改变了创业的硬性条件，也逐渐提高了公众对创业者的支持程度，使得创业不再是令人谈虎色变的禁区，而成为年轻人的积极追求。

4）用户习惯带动投资热情

互联网正在深度融入人们的生活，这一趋势无法逆转，不可阻挡。普通人使用互联网的技能大大提高，对各种互联网产业的接受程度也大大提高。在P2P借贷、网络理财等互联网金融热潮激发大众的投资热情之后，人们逐渐消除了使用互联网进行金融投资的疑虑，对互联网与现代金融的理解水平有了很大的提高，开始培养出网络投资的习惯，风险防范意识与风险承受能力相对增强。对比五年前公众的互联网使用能力，差别不言自明。

众筹的发展同样受益于互联网金融浪潮给予大众的宣传与教育，受益于用户日益深化的网络使用习惯。相比P2P借贷和在线理财，众筹更贴近人们的日常生活，可获得投资与实物的双重满足，因而有望成为互联网金融的下一个爆发点。即使暂时的发展速度低于预期，随着深度上网人群的日益增加，它的广阔发展前景值得期待。

5）法律制度与时俱进

实体经济的健康发展是设计整体金融制度的依据，具体的经济需求催生具体的金融制度与组织形式。美国的JOBS法案创造了一个新的金融形态"集资门户",就是为了适应如今越来越向社会化倾斜的融资方式,满足新经济形态下的投融资需要。众筹平台是目前"集资门户"的唯一的形式,也是一种直接面对大量创业融资需求的金融形式。

6)自由、平等的合作契约

自由与平等是人类的永恒追求,这一追求表现在人类生活的方方面面。在传统的生产与消费模式中,生产者与消费者的关系割裂,二者可以通过市场博弈获得"合理"的价格,但在信息不对称和能力不均衡的情况下,二者的地位并不平等。其突出表现为,消费者只有有限的选择权而没有决定权,众筹模式重新界定了生产者与消费者的关系,它第一次使消费者能以极低的成本介入商品的前期设计与生产,在一定程度上拉近了商品生产者与消费者之间的距离,促进了二者的交互。如果未来越来越多的商品以众筹模式生产,消费者自由定制,生产者按需生产,许多人的个性化需求将会在紧密交互中得到充分满足。从这个角度来看,众筹模式处于自由、平等新商品契约的萌芽阶段,其指向意义深远,这也正是人们认为众筹模式将深刻改变社会生产的依据所在。

综上所述,互联网众筹不仅不是传统众筹的互联网翻版,更不是部分创业者的异想天开,它具有坚实的技术、文化和思想的基础,在经济转型和生产模式变革的带动下,展现出广阔的发展前景。它的纵深发展,很可能重新塑造人们对于互联网经济和互联网金融的认识,这场变革已经启动,未来之路值得期待。

3. "四大门派"在行动,股权众筹上演"速度与激情"

很多公司没有融资渠道,需要三板以下的股权融资创新,当前地方性股权交易中心活跃度远远不够,如何解决中小企业融资难问题,股权众筹或可成为重要的渠道之一。

1）大鳄布局，"四大门派"格局初现

2015年3月底，京东股权众筹业务正式上线。京东股权众筹负责人金麟表示："京东股权众筹平台可以有效连接融资的供求双方，既为创业者带来资金和战略等资源，还降低投资门槛，让更多投资者分享风投的红利。京东股权众筹在完善京东金融领域布局的同时，成为构建京东全生态体系和创业生态圈的重要环节。"2015年4月初，在互联网领域布局已久的平安集团对外表示，斥资1亿元人民币成立深圳前海普惠众筹交易股份有限公司（简称"前海众筹"）。平安集团新闻发言人对《中国证券报》记者表示，平安众筹将会是独立的平台，目前业务重点是创新股权众筹、房地产众筹及其他众筹。目前，该平台已完成注册，业务正在筹备中。

继P2P之后，股权众筹成为互联网金融的又一个风口，巨头们纷纷入局，当前股权众筹平台已经形成由早期草根、电商巨头、传统金融集团和创投分别成立的"四大门派"。

截至2016年6月底，全国共有正常运营众筹平台达370家与2015年底全国正常运营众筹平台数量283家相比，涨幅达30.74%，是2014年全年正常运营平台数量的2.6倍。其中，2016年上半年新增平台163家，但有72家众筹平台倒闭（平台网站无法打开时间超过30天）或众筹版块下架，4家众筹平台转型。倒闭的原因多为平台规模小，资源上无法与巨头平台竞争，且又未及时调整细分方向，加上政策趋严，导致经营难以为继；平台众筹版块下架主要是P2P网贷平台下架其众筹板块或众筹平台下架其房产类众筹板块，大多与政策相关。在各类型正常运营的众筹平台中，非公开股权融资平台最多，达144家；其次为奖励众筹平台，达138家；混合众筹平台为76家；公益众筹平台仍然为小众类型，仅有12家。

2016年上半年，全国众筹行业共成功筹资79.41亿元，已近2015年全年成功筹资额的七成，近2014年全年全国众筹行业成功筹资金额的3.7倍。据数据统计，2014年众筹行业成功融资21.58亿元，而在2013年及之前，全国众筹行业仅成功筹资 3.35 亿元。截至 2016 年 6 月 30 日，全国众筹行业历史累计成功筹资金额超 218 亿元。

成功上市的互联网企业背后，往往有眼光长远的投资机构，这些通过 IPO 成功退出的创投机构也因此被称为背后的赢家。巨资布局的机构对于互联网的走向是嗅觉非常灵敏的，然而，创投机构自身的互联网化却慢了一拍。CA 创投合伙人杨溢表示，过去创投机构的运作模式其实很不互联网化，在"互联网+"时代，金融行业如何创新备受关注，创投机构的互联网化才开始有实质突破。

日前，多家有创投背景的股权众筹平台相继上线，其中包括投壶网和智金汇。据了解，投壶网由原高特佳投资集团总裁黄煜、同威创投总裁刘涛及深圳融昱资本等人共同发起设立，智金汇是由 CA 创投孵化的互联网创投平台。

无论从政策导向还是从支持力度来看，股权众筹正在走向发展的高峰期。天使客创始人兼 CEO 石俊向《中国证券报》记者表示，天使客做股权众筹一年，他明显感觉到，2015 年比 2014 年要好做很多，一是因为整个国家都在推动股权众筹，二是因为京东等大机构培育了市场。

2）临门一脚，股权众筹寻求突破口

业界对于股权众筹早有期待，政策层面的不断倾斜也加快了股权众筹的发展。事实上，早在被证券法修法纳入之前，有关部门就多次提出支持股权众筹。2014 年 11 月，有关部门提出"开展股权众筹融资试点"。2014 年 12 月中国证券业协会公布《私募股权众筹融资管理办法（试行）（征求意见稿）》。2015 年 3 月两会期间，"股权众筹"更是进入政府工作报告。2015 年 3 月 26 日，中国人民银行金融研究所所长姚余栋在深圳调研座谈股权众筹时表示，在众多金融创新中，高层极为关注股权众筹，股权众筹有可能是避免金融系统风险的"法宝"，希望找到适合中国的股权筹资模式，鼓励深圳成为股权众筹的试点。

姚余栋表示，P2P 的融资成本至少为 20%，事实上，超过 15% 的融资成本时一般企业就难以承受。如果没有成熟的融资模型，恰逢中国正处于创业潮，若融资没跟上，中小企业的死亡率将会大大加速。当前中国宏观杠杆率较高，其中，非金融企业部门的杠杆率高达 130%～140%，企业负债很高，而中小企业更甚。

中国资本市场发生巨大变化，真正的多层次的资本市场雏形架构形成，优秀的众筹机构成为主板、创业板、新三板的有效梯级补充。姚余栋认为，即使未来新三板挂牌数量超过 2 万家，依然还会有很多公司没有融资渠道，因而需要三板以下的股权融资创新。当前地方性股权交易中心活跃度远远不够，股权众筹或成为解决中小企业融资难问题的重要的渠道之一。

在互联网金融不断兴起之时，从业人员对行业的监管尤为关切。近期证券法正在修订，规定满足条件的项目可通过众筹渠道公开发行。业内人士分析，随着证券法修订的落地，行业监管规则有望进一步明晰。如果此次证券法修法中关于股权众筹的相关内容获得通过，那么行业监管细则有望出台，一直备受关注的合格投资人、股东人数限制等问题有望得到解决。

3）路径各异，"四大门派"各显神通

在行业监管慢慢明晰之际，由传统金融机构、电商巨头、专业创投、早期草根"四大门派"的众筹平台由于背景的不同，平台模式和发展方向也呈现不同的走向。

平安集团表示，他们将期待抓住这个新的业务领域的机遇，为市场提供创新的金融产品和服务。零壹财经首席研究员李耀东向《中国证券报》记者表示，如平安这类传统金融机构开始着手众筹，很大可能是依托于原有业务的优势，将原来投行及投融资咨询业务的前端放置众筹平台，不一定是很早期的投资，而是类似于 PE，同时亦有利于平台为投行提供项目。据了解，前海众筹总经理王建阳先生此前曾任职于平安证券投行事业部，可能意味着将来会利用平安证券的投行业务资源向下延伸，并将投行业务的前端提供给前海众筹。

京东金融CEO陈生强认为,京东创业生态圈一个独特的优势便是聚拢京东体系内的各类优质资源,打通京东商城的采销平台,结合京东强大品牌背景,提供全产业链一站式创业服务。此外,京东金融欲与孵化器管理公司合作,通过孵化器管理公司的物业入手,挖掘项目,并为创业公司的前台、保洁、安保、财务、法务、营销、招聘、管理培训,以及企业的系统支持、融资咨询等提供服务。

然而,是否依托于强大的公司背景,股权众筹平台就能获得成功,石俊认为,对于大的机构来说,他们有很多的流量来做这个事情,且一开始做就可以获得很高的关注度,但是股权众筹毕竟是他们可有可无的边缘业务,并且是一个很重、很累的过程,现金流不能立马得到显现,需要投入很多。做股权众筹需要整个团队都能够很好地去服务创业者和投资人,同时需要时间的积累。京东只是刚开始摸索,相比而言,早期成立的众筹平台还是有一些优势的。

传统的创投优势体现在其团队的专业性。杨溢向《中国证券》报记者表示,随着国内天使人数量的增长,现在创投拥抱互联网的时机已经成熟。近90%的创业公司活不过三年,可见这个行业的风险之大,而创投机构在这方面有专业和长期的积累。《中国证券报》记者了解到,不同于电商和传统金融机构大而全的包揽式做法,创投团队所设的股权众筹平台主要是根据公司团队的优势以专业性行业众筹平台为主。投壶网董事长黄煜表示,投壶网以医药健康产业为切入点,智金汇则专注于TMT行业的股权众筹。

4)项目非标准化,专业投资或接棒"明星领投"

事实上,一些顶级创投并不看好众筹,如IDG等一些创投机构选择迟迟不进入该领域。股权投资不像债权那样能够标准化和量化,而是有资源就能做大,每个项目都具有其独特性,因此需要专业的投资人,但同时失败率高,投资期限至少3~5年,如何退出,众筹方式能否成功运作还都是未知数。

大家投创始人兼CEO李群林认为,当前股权众筹平台以"领投+跟投"

的模式运作，领投人一般是业内比较出名的投资人，被冠以"明星领投人"，而跟投人主要是一些中小企业主和职业经理人。但是，这种模式在中国并不能形成气候，绝大部分成功案例都是不超过 5 个圈内职业天使投资人或机构，采用"合投"或独投方式进行投资的。

李群林表示，由于领投人要担负起尽职调查与投后管理职责，给跟投人披露和交代，让领投人带着 5 万、10 万个散户去投资项目的可能性和可持续性不大。他们自己及其圈子就可以消化很多项目，另外，在国内拥有上千万元可投资资产的人并不在少数，明星领投人基金不缺乏投资者。同时，如果在平台做领投人，意味着项目的披露会更详尽，知名投资人未必愿意将自己的投资案例悉数公开。如果平台把"明星领投"当作商业模式去打造，将很难行得通。

投壶网董事长黄煜表示，"未来，引入更多专业的投资人，平台服务的对象是投资经理，给专业的投资人打造平台，依靠投资人的投资水平、资源和投后管理，将平台做大。"李群林认为，给投资界的专业投资人打造平台是未来股权众筹平台的出路，而不能是只通过吸引眼球的"明星领投人"。杨溢认为，股权众筹平台看似无门槛，但事实上门槛很高，投资人的专业性和背后能支持项目发展的资源这些都是最基本的要求。

在跟投人这一端，一位从事创业投资多年的人士表示，股权投资期限长，短期内看不出投资成绩，通过众筹跟进的小投资人对风险的认识可能远远不足，在平台上线的一些未经严格把控的项目风险开始隐匿积聚。

3.10 世界各国对股权众筹的法律监管

作为股权众筹发源地的美国，2012 年 4 月即颁布了《创业企业扶助法》（Jumpstar Our Business Startups Act，JOBS 法案）。英国 FCA（金融行为监管局）于 2014 年 3 月 6 日发布《关于网络众筹和通过其他方式发行不易变现证券的监管规则》（简称《众筹监管规则》）。目前，中国还没有专门针对股权众筹的法规，只是发布了《私募股权众筹融资管理办法（试行）（征求意见稿）》。

1. 美国的 JOBS 法案

JOBS 法案中关于股权众筹有以下五项主要内容

1）股权众筹标准及投资人要求

JOBS 法案首先解除了创业企业不得以"一般劝诱或广告"方式非公开发行股票的限制，这使得股权众筹在法律上获得正式认可。另外，法案对股权众筹标准及投资人分别作出规定：对每个项目而言，其融资规模在 12 个月内不能超过 100 万美元。如果投资者年收入和净值均不超过 10 万美元，其出资规模不超过 2000 美元或该投资者的 5%年收入或净值（以较大者为准）；如果投资者年收入和净值达到或超过 10 万美元，其出资规模不超过该投资者的 10%年收入或净值，最多不超过 10 万美元。

2）众筹平台注册登记义务

JOBS 法案明确免除了众筹平台登记成为证券经纪商或证券交易商的义务。也就是说，众筹平台需要在 SEC 登记，仍然在 SEC 的监管下，即使在一定条件下免除登记注册为经纪交易商，仍然需要众筹平台是一个注册的全国性交易证券协会的成员，或是接受 SEC 检查、执法。

3）对众筹平台的内部人员限制

JOBS 法案严禁平台内部人员通过平台上的证券交易获利，主要包括两个方面：一是禁止向第三方宣传机构或者个人提供报酬，这是对众筹网站解除公开宣传禁令之后实施的附加经济限制；二是禁止众筹平台管理层从业务关联方获得直接经济利益，这是对众筹平台自身合规性的进一步要求。

4）众筹平台信息披露

众筹平台的信息强制披露义务包括两个方面，一是对投资者的风险告知义务；二是对交易行为本身的信息披露义务。

风险告知义务源于股权投资的高风险性，JOBS 法案要求必须对投资者给予足够的风险提示，包括按照证券交易委员的适当规则，审核投资者信息；明确投资者已经了解所有投资存在损失的风险，并且投资者能够承担投资损失，通过回答问题，表明投资者了解初创企业、新兴企业及小型证券发行机构的一般风险等级，了解投资无法立即变现的风险，按照证券交易委员会确定的适当规则，了解此外其他相关事项。

交易信息披露义务方面，法案规定众筹平台应按照 SEC 的规定，降低交易欺诈风险，包括了解每个证券发行机构高管、董事及拥有 20%可流通股股东的个人背景，以及证券执法监管历史记录，同时在证券销售前 21 天内（或 SEC 规定的其他时间段内），向 SEC 和潜在投资者呈现证券发行机构规定的相关信息。

2. 英国的《众筹监管规则》

对于股权众筹，英国 FCA 已经有相应的监管规则，此次只是增加了以下一些新规定。

1）投资者限制

投资者必须是高资产投资人，即年收入超过 10 万英镑或净资产超过 25 万英镑（不含常住房产、养老保险金）；或者是经过 FCA 授权的机构认证的成熟投资者。

2）投资额度限制

非成熟投资者（投资众筹项目两个以下的投资人），其投资额不得超过其净资产（不含常住房产、养老保险金）的 10%，成熟投资者不受此限制。

3）投资咨询要求

众筹平台需要对项目提供简单的说明，但是如果说明构成投资建议，如星级评价、每周最佳投资等，则需要再向 FCA 申请投资咨询机构的授权。

3. 德国制定法规限制众筹

德国正准备立法限制初创企业通过在线众筹平台筹集投资资金，以保护投资者并支持创新。

基督教民主党成员、参与新法制定的弗兰克·斯特菲尔（Frank Steffel）表示，德国执政联盟已经就对众筹融资加强监管的立法规则达成一致。一些公司必须提供有关其业务和风险的详细信息，同时，投资者可能被要求公开他们自己的资产情况。

德国政府正努力确保创新公司能够获得更多的筹资机会。德国新成立企业数量连续多年都在持续下降，因此他们谴责谷歌等美国互联网公司拥有的巨大权力。与此同时，德国议员希望保护零散投资者免于受到欺诈。

德国政府数周前已经公布一部法律草案，将对金融市场进行更严格的监管。可是初创企业则表示，这些监管规则很可能导致投资者的投资意愿急剧下降，为此他们将敦促议员们修订草案。

按照当前草案的规定，如果企业想从零散投资者处融资 250 万欧元，则他们必须提供详细的招股说明书。初创企业还被要求公开投资潜藏的风险。在资金到位 14 天以内，投资者有权要求融资企业退款。德国联邦金融监管局可以限制其认为有问题的广告。

单次风险投资时，个人投资者的投资金额不能超过 1 万欧元。那些投资超过 1000 欧元的投资者，其流动资金至少需要超过 10 万欧元，或每月净收入超过投资额两倍以上。

德国之所以出台众筹监管法案，是因为零散投资者越来越多地希望参与到科技界的"淘金热"中。有些人看中了众筹平台，如美国的 AngelList 和德国的 Companisto，这些平台可以向小公司提供融资机会。风力发电运营商 Prokon 去年宣布破产，导致数千名零散投资者损失惨重，因此，德国政府决定加强金融市场监管。

虽然初创企业界支持修订这部法律草案，但是目前还没有在国会中通过。德国创业协会主席佛洛里安·诺尔（Florian Nöll）说："我们欢迎立法，因为它为众筹建立起正常运转的框架。在过去的两年中，众筹已经成为创新公司资金的重要来源之一"。

4. 意大利的 DecretoCrescitaBis

2012 年 12 月，意大利议会通过了 *DecretoCrescitaBis*（或称 *GrowthAct 2.0*），成为世界上第一个将股权众筹正式合法化的国家。随后，2013 年 3 月，意大利证券监管机构（CONSOB）根据法令，发布了名为《关于创新初创企业通过网络门户筹集风险资本的规定》的实施条例。该条例第一部分第二章定义了专业投资者，并将专业投资者分为私人专业投资者和公众专业投资者。在之后的多条条文中，又出现了非专业投资者相关规则。从这些条文可以看出，在投资者制度上，意大利采取多层次分类模式，将股权众筹投资者按照不同标准分为几类，并根据每种投资者的性质制定不同的规则。

5. 法国的《参与性融资法令》

2014 年 5 月 30 日，法国政府通过了由财政部和经济部联合制定的《参与性融资法令》，将源自英文的众筹正式定义为"参与性融资"。从这一更名来看，法国将其法令命名为融资法令而非金融法令或投资法令，反映了法令以企业的需求出发而不是以出资人的需求出发，体现出法国式众筹的出发点和关键点在于企业融资和鼓励创业。

另一方面，以参与性为定语，在"群众"的基础上强调参与，人人都是经济社会的一分子，既反映了法国国民对各项社会事务具有很高的参与度和自觉性的传统，也体现出政府重视和鼓励民众参与的态度——将参与转化为促进消费、生产、企业组织和国民团结的一种重要动力。

法国式众筹是一种强调参与的新型融资方式，让每个人都可以便利地为自己的企业或创新计划筹集资金。从该法令的条文上来看，该法令没有专门对投资人设定门槛，而是将该法令中的投资者等同于普通证券中的投资者。这样的规定更符合法国众筹"全民参与"的理念。

6. 西班牙的众筹法律出台遭民众质疑

西班牙作为欧洲第四个对众筹和集体融资项目的实践方案进行调整的国家，又出台了新的众筹法律，表面上看来有些家长式作风，有一点霸道。但也有人士持肯定态度，认为这是一项能使投资者们镇定下来的法律，向投资者们保障他们的钱是通过严格的法律程序运作的，使那些曾经没有参与过众筹的人也加入到这个项目中来。

1）投资限制

已在部长理事会上获得许可的法律文案，将在资深投资人和新晋投资人之间产生显著差异。在老投资人在众筹平台上不限制投资的同时，新投资人则要受限。一个新投资人每年最多可投资 1 万欧元，且每个项目的投资上限为 3000 欧元。

该法律文本针对不同个体财产及收入的不同有不同的建议。无论是法律上还是现实中，那些资深投资人每年都可得到超过 5 万欧元的收益。对于那些投资超过 100 万，营业额 200 万及投资自身资产 30 万的公司也有限制。

新法律中的第二条，对匿名公司想要上市融资提出了必须首先支付 6 万欧元的苛求。融资之前先支付 6 万欧元，揭示了政府认为这些众筹公司都是金融公司，实际上他们只是一些网店或互动媒体。

新法律在欧洲范围内还少有提及，他们将向欧洲提供一个已有成功经历的英国模式的强大众筹市场。这个在西班牙本国建立的市场未来将越来越完善，负面的限制也越来越少。

2）新法律在大体上是积极的

尽管有那么多问题，但是众筹企业家们已从这项立法中看到了未来投资将向无限制模式发展的趋势。特别是一些针对盗版，以及非法营业的规定，使人们认为这是一项能够使投资者们镇定下来的法律，它向投资者们保障他们的钱，是通过严格的法律程序运作的。西班牙众筹部门对这项法律持乐观态度。法律的制定也许并不那么理想，但法律的缺失则更糟。

7. 各国股权众筹合格投资者制度国际法制比较

从上述七个国家的立法经验来看，各国都针对本国股权众筹的发展情况，制定了相应的法令，或者在原有法令的基础上进行了修改。除法国外，其他三个国家都对参与股权众筹的合格投资者进行了分类。不仅如此，各国也采用了多种参数进行分类，除经济实力外，还采用了专业程度、投资者身份等参数来对投资者设定门槛。除此之外，英国还采用了许可企业评估和投资者自我认定相结合的方式来实现合格投资者准入，具有创新性和实践性。

针对向特定或不特定的大众发行股票的行为，各国基本上都采取了相应的措施加以规制。在新兴的股权众筹领域，意大利拔得头筹，成为第一个将股权众筹合法化的国家。之后，美国颁布 JOBS 法案，为初创企业融资打开了一个新的窗口。法国、英国、德国、西班牙等国家也对这一新兴的投资融资方式作出反应，颁布了相应的法令或规则。

3.11　中国股权众筹展望与思考

1. 股权众筹的颠覆：从草根游戏到财富狂欢

唐骏曾说过：全国遍地都是 10 万到 20 万元人民币的小众筹，不成气候，中国的众筹仅是一种游戏，算不上投资，更谈不上资本运作。

话音未落，游戏就变味了。2015 年 5 月一家上海本土的股权众筹平台在短短七天内完成了一单认购额 77 亿元人民币，融资额 6500 万元人民币的股权众筹，发起者正是被誉为"独角兽"的 Wi-Fi 万能钥匙。这是迄今为止，中国非常巨额的股权众筹项目，将所有平台远远抛在了身后，而众筹也从所谓的草根游戏，瞬间化为财富的狂欢！

股权众筹还曾被认为是非法集资，但在"互联网+"的风口下，这个行业已然快速起飞。一个产业兴起前总会出现标志性的事件，这次 Wi-Fi 万能钥匙股权众筹的成功，正是预示着股权众筹行业强力发动的标志性事件——是基于众筹，但又超于众筹的颠覆性存在！

1）普通人也能买大公司

中国的股权众筹产业环境还不成熟，大部分投资人判断项目基本靠"猜"，或者干脆需要一个大机构背景，于是就出现了颇有中国特色的"领投跟投制"。但是，这样就带来了一个怪圈，小企业股权投资门槛低，但风险较大，普通人不敢轻易投资；大企业虽然成熟，但筹资额门槛高，普通人无法承受。要两全其美实在很难，这也是为什么就像唐骏说的，众筹发展到现在都是几十万元、几百万元人民币级别的"小打小闹"。

产业要突破就需要打破这个怪圈。这次众筹的发起方 Wi-Fi 万能钥匙是一家成熟的移动互联网企业，2015 年年初即以 10 亿美元的估值获得 A 轮融资 5200 万美元，虽然这次只出让 0.5% 的股权，但对应投资额高达 3250 万元人民币（之后追加至 50 份，共 6500 万元人民币）。面对这么高的筹资额，融资方很聪明地将其划分为更细的等份，单份 130 万人民币，使得投资门槛大大降低，给了普通人买大公司的机会。

但结果仍然出乎所有人预料，这个项目在筹道上线 7 天，就获得了 77 亿元人民币的认购额。77 亿元人民币是什么概念？几乎是几个大型的 A 股市场 IPO！而这其中甚至没有一家大基金、大天使机构领投，全为"散户"，这正说明了以中小投资者为主力的民间资本拥有叫人惊叹的潜力！这个项目如一剂兴奋剂，使整个股权众筹行业为之疯狂。

"用户是半个基金经理"，这句话的意思是真正体验过产品、喜欢产品的人，才会对产品的价值和成长性有着充分的理解。从数据来看，参与 Wi-Fi 万能钥匙股权众筹项目的共有 5712 人，其中，产品的普通用户大约占了 70%，而从事互联网行业的用户将近 50%，这充分说明了该产品在互联网基层一线普通人中的口碑和认可。此次众筹使更多的普通投资人获益,给予他们一个分享成熟项目巨大增值利益的机会,这才是真正的"普惠金融"!

2)超越资金之外的资源

一个产业的兴旺必然需要资本的支持。6500万元人民币,这笔互联网项目股权众筹,意味着在巨额资本注入的同时,创意资源注入。

从另一个角度,Wi-Fi万能钥匙试水股权众筹,也说明了企业对股权众筹所能带来的资金与资源的认可。据了解,Wi-Fi万能钥匙运营两年来,用户量已超过6亿,月活跃用户超过2.7亿。这样的明星企业参与股权众筹,很容易在互联网圈子聚集合力——这次参与众筹的用户,有很多是来自百度、阿里巴巴、腾讯的高管和员工。股权众筹正在使更多志同道合的人聚合在一起。在资金背后,是源源不断的人脉与强大的资源支持,这就为股权众筹产业本身带来更多的增值发展空间。

这次Wi-Fi万能钥匙股权众筹不仅颠覆了既有的行业数据,而且也颠覆了原有的众筹市场。我们很期待接下来还会有这样的有实力的大企业参与众筹,也希望更多股权众筹平台能够不断颠覆自己,这实在是大部分苦于找不到钱的创业企业和有钱不知往哪儿投的人们喜闻乐见的事。

3)法律监管严重滞后

2015年6月26日至28日,在上海展览中心隆重举行的第二届上海互联网金融博览会高峰论坛上,"众筹家"发布《中国众筹行业报告2015(上)》称,截至2015年6月15日,内地共有众筹平台190家,剔除已下线、转型及尚未正式上线的平台,平台总数达到165家。

除众筹网、淘宝众筹等综合类众筹平台外,35家专注于某一行业或细分领域项目的垂直类众筹平台相继出现。

按照回报模式,目前,国内众筹平台可划分为权益众筹、股权众筹、债券众筹和公益众筹四种类型。

其中，债券众筹主要是指以利息作为投资回报的 P2P 模式，因其在互联网金融中所占比例非常庞大，已经独立于其他众筹模式成为单独的互联网金融概念。

在其他三种众筹模式中，权益众筹项目占所有众筹项目的比例达到 58.4%，实际融资金额占众筹市场总融资额的 61.3%，且融资成功率相对较高；股权众筹融资需求占比高达逾七成，但实际已融资金额占比不足三成，这显示出现有平台尚未能满足市场需求；公益众筹发展迅猛，但融资规模较为有限。

中国众筹行业虽发展迅猛，但也存在着诸多问题，主要表现在相关法律规范滞后，信用环境不健全，信息披露不完备，以及缺乏完善的众筹投资风险控制机制等。

伴随中国众筹行业的快速发展和壮大，更多的项目会选择以众筹模式融资，从而令众筹市场呈现"项目分类专业化"趋势。基于政府对众筹模式的认可和重视，越来越多的相关法律法规即将颁布，众筹行业也有望实现"市场监管规范化"。

2. 国务院颁布《"互联网+"行动指导意见》，已经表明国家对股权众筹态度

2015 年 6 月 11 日，国务院国发 32 号《关于大力推进大众创业万众创新若干政策措施的意见》的文件中，国家层面明确提出：大力支持发展众筹融资平台，开展公开、小额股权众筹融资试点。

2015 年 6 月 24 日，国务院总理李克强主持召开国务院常务会议。会议认为，推动互联网与各行业深度融合，对促进大众创业、万众创新，加快形成经济发展新动能，意义重大。根据《政府工作报告》要求，会议通过《"互联网+"行动指导意见》，明确了推进"互联网+"，促进创业创新、协同制造、现代农业、智慧能源、普惠金融、公共服务、高效物流、电子商务、便捷交通、绿色生态、人工智能等若干能够形成新产业模式的重点领域发展目标任务，并确定了相关支持措施。

一是清理阻碍"互联网+"发展的不合理制度政策，放宽融合性产品和服务市场准入，促进创业创新，使产业融合发展拥有广阔空间。

二是实施支撑保障"互联网+"的新硬件工程，加强新一代信息基础设施建设，加快核心芯片、高端服务器等研发，以及云计算、大数据等应用。

三是搭建"互联网+"开放共享平台，加强公共服务，开展政务等公共数据开放利用试点，鼓励国家创新平台向企业，特别是中小企业，在线开放。

四是适应"互联网+"特点，加大政府部门采购云计算服务力度，创新信贷产品和服务，开展股权众筹等试点，支持互联网企业上市。

五是注重安全规范，加强风险监测，完善市场监管和社会管理，保障网络和信息安全，保护公平竞争。用"互联网+"助推经济保持中高速增长，迈向中高端水平。

在海外兴起的众筹概念，一经引入中国，就展现出旺盛的生命力。持续旺盛的民间投融资需求，令股权众筹逐渐成为互联网金融市场的"又一个风口"。

3. 法律没有跟上，风险防范尤为重要

国家的大力支持，为股权众筹的发展创造了适宜的环境，倘若我们利用好现今的政策，对确实存在的法律风险不闻不问，就好似掩耳盗铃，终究自欺欺人。政策风向固然重要，法律风险也不容忽视。通过梳理风险，通过合理的商业架构使其合法合规化，才是股权众筹的正道。

优质项目少，估值定价难，建立信任久，退出周期长——这些不仅是股权众筹的四大核心难点，也将成为众多股权众筹平台从竞争中胜出的关键。

值得注意的是，相对于股权众筹的蓬勃发展，相关法律规范处于滞后状态，这也使得这一创新金融模式面临权利义务模糊等诸多困扰。据悉，这一状况将逐步改善，未来股权众筹有望尽快走过粗放式生长阶段，步入健康发展轨道。

互联网金融领域除 P2P 之外，股权众筹是解决"融资难"、"融资慢"的另一有效渠道，市场对此也有印证。目前，在几家标杆的众筹平台上，项目方基本是有限责任公司。由于其自身的封闭性，导致有限责任公司融资手段十分有限，采取股权众筹方式，除了互联网金融常伴的资金池、非法集资等风险外，还隐藏着一些特殊的风险。

1）股东身份没有直接体现

对于委托持股模式，众筹股东的名字不会在工商登记里体现出来，只会显示实名股东的名字。尽管法律认可委托持股的合法性，但是还需要证明众筹股东委托过实名股东。这种委托关系是众筹股东和实名股东之间的内部约定。如果这种约定没有书面文件或其他证明文件，若众筹公司和实名公司不再认可众筹股东的身份，则众筹股东将有口难辩，根本没法证明"我就是这个公司的股东"或"他名下的股份其实是我的"。

在持股平台模式中，众筹股东与众筹公司之间隔了一个持股平台，众筹公司股东名册里只有持股平台，没有众筹股东。因此，众筹股东与众筹公司之间的关系非常间接，身份也相对隐晦，对众筹公司几乎无法产生直接的影响。

很多公司的全员持股计划，实际上也是一种股权众筹。但有的全员持股公司，如华为，员工也仅持有一种所谓的"虚拟受限股"，虽然可以获得一定比例的分红，或者获得虚拟股对应的公司净资产增值部分，但没有所有权、表决权，也不能转让和出售，更谈不上体现股东身份。

2）股东无法参与公司经营

在很多众筹项目中，众筹股东虽然是公司股东，但是几乎很难行使公司股东的权利，基本上都能亲自参加股东会、股东会表决和投票。

从众筹公司角度，如果每次股东会都有上百人参加，对协调和决策都会造成很大障碍。组织几十上百人参加股东会将非常艰难。在股东会召集前，提前确定可供讨论的议题，也会因为人数众多而难以达成共识。若组织起来股东会后，因为众口难调，若要过半数通过任何表决都会困难重重。因此，众筹股东都参与决策，只会严重削弱公司决策效率。现实操作中，很多众筹咖啡馆都面临过因为"一人一句"造成决策权混乱，而面临散伙的窘境。

但是，如果不尊重众筹股东的参与决策权，众筹股东的利益又很难得到保障。众筹公司收了股东的钱，不为公司办事，不好好经营，或者经营好了却把公司资产挪为己有，这种做法也并不罕见。不妨参照上市公司的做法，至少要保证众筹股东对众筹公司的经营情况有知情权，众筹公司也应当有非常完善的信息披露、法律和审计等第三方监督的机制。同时，在必要的情况下，众筹股东也最好有提议乃至表决罢免众筹公司负责人的权利。

3）股东无法决定是否分红

众筹股东参与众筹，很多时候是看中众筹公司的盈利能力。为什么现在大家现在愿意参与众筹？这是因为在股权众筹中，投资项目看得见、摸得着，收益率更有保证。因此，很多人愿意参与股权众筹，也非常期待公司分红。

可是，公司法并未规定公司有税后可分配利润就必须分红。利润分配方案要股东会表决通过后，才会根据相应方案向股东分配红利。如果股东会没有表决通过，或者股东会不审议这个议题，即使公司账上有税后利润，众筹股东也只能看着，拿不到。众筹公司完全可以以一句："税后利润要用于公司长期发展的再投资"，就把众筹股东推到千里之外。如果法律没有规定强制分红，那么众筹股东只能自己保护自己，最好在公司章程中约定强制分红条款，即如果有税后可分配利润，每年必须在指定的日期向众筹股东分配。

4）入股方式随意化

上面说了三个风险，都是在股权众筹操作相对规范的情况下遇到的问题，至少众筹公司、众筹发起人与众筹股东之间有协议、有协商。现实的股权众筹中，发起人与众筹股东通常存在或近或远的亲朋好友关系，操作起来常常会很不规范。例如，有时候只是有朋友张罗说要股权众筹，项目没有看到，公司没有看到，文件没有看到，众筹的款项就打到了发起人个人的银行账号里。这笔款到底是什么性质，谁都说不清楚。在法律上，可以理解为实物众筹，发起人打算开发一个智能硬件，大家给他的钱，不是用于获得他公司的股份，而是预付给他的货款，到时候召集人给众筹股东一个产品就算是了事。也可以理解为借款，众筹投资人借钱给发起人，到时候发起人还钱，顶多加点利息，但是众筹投资人不是公司股东，公司估值再高，股权再值钱，有再高的分红，也与众筹投资人没有丝毫的关系。

众筹股东在掏出钱之前，必须首先要了解清楚，给发起人的投资款到底是为了获得什么，是股权吗？如果是股权，代持协议/入股协议签了吗？股东投票权怎么分配的？分红有保障吗？这些问题都用法律文件明确下来了吗？只有这些问题规范化了，才稍微有点保障。

5）把自己当作风险投资人

风险投资项目一般具有高风险、高潜在收益的特点，风险投资人会向大量的项目进行投资，大部分的项目都会投资失败，但是只要其中少数几个项目上市了，或被并购了，投资成功的收益回报就不仅可以弥补投资失败的损失，还能有很高的盈余。但是，股权众筹已经降低了投资门槛，所以绝大多数众筹股东都是普通老百姓。一方面，众筹投资人不可能有资金向大量的项目投资，手头的资金一般也就只够投一两个项目，如果这一两个项目失败了，那就是血本无归。另一方面，风险投资人一般会对行业有深入的研究，对项目商业可行性的判断相对专业，而普通老百姓可能更多的是听信于众筹发起人的鼓吹，缺乏判断的能力，投资的风险也就更高。

普通人参与股权众筹时，千万不要把自己当作风险投资人去投资项目，最好投资一些传统的行业，收益可逾期、持续且稳定，最好不要追求高风险、高回报。在这个前提下，认真考察自己的投资项目，在自己熟悉的行业领域或地域范围投资。最后，还可以借鉴风险投资人的投资原则——"投资就是投人"，一定要找到值得信任的众筹发起人，或者保障机制完善的众筹平台。

6）极易突破公司股东的人数上限

根据我国《公司法》第二十四条，"有限责任公司由五十个以下股东出资设立"，这是法律的强制性规定，没有解释的空间。

《公司法》之所以对有限责任公司股东人数做出严格限制，主要是考虑公司的人合性。有限责任公司的股东大多是在彼此充分了解并相互信任的基础上结合在一起的，其管理较为封闭，股东人数过多将不利于公司的决策和经营。

有限责任公司股东人数的限制，既包括参与公司设立的最初股东，也包括在公司设立后由于新增出资、转让出资、公司合并等原因新增加的股东，即有限责任公司的股东总数不能突破五十人的最高限额。而融资企业通过平台发布股权众筹项目，其融资目标通常都是成百上千万的金额。

目前，众筹平台大多采取"领投+跟投"模式，跟投人需要"投资人实名认证+合格投资人认证"，合格投资人通常需要符合"个人金融资产超过 100 万元人民币"、"年收入超过 30 万元人民币"等条件，但对于跟投人一般的跟投金额，根据具体项目设置有所不同，按照互联网金融的普惠理念，小额投资者居多，这样便很难降低投资者数量，导致有限责任公司五十人的股东上限极易被突破。

7）股权的对外转让并非易事

有限责任公司的股权转让，有内外之分。我国《公司法》第七十一条规定："有限责任公司的股东之间可以相互转让其全部或者部分股权"，也就是说，股权的对内转让是自由且不受约束的。与内部转让截然相反，有限责任公司股权的对外转让是极其严格的。该条第二款规定："股东向股东以外的人转让股权，应当经其他股东过半数同意。股东应就其股权转让事项书面通知其他股东征求同意，其他股东自接到书面通知之日起满三十日未答复的，视为同意转让。其他股东半数以上不同意转让的，不同意的股东应当购买该转让的股权；不购买的，视为同意转让"。

该条第三款规定:"经股东同意转让的股权,在同等条件下,其他股东有优先购买权。两个以上股东主张行使优先购买权的,协商确定各自的购买比例;协商不成的,按照转让时各自的出资比例行使优先购买权"。

由此可知,有限责任公司股权的对外转让不仅应征得其他股东过半数同意,还可能受到股东优先购买权的限制。不仅如此,该条第四款还赋予了公司章程自由约定的权利,即"公司章程对股权转让另有规定的,从其规定"。

因此,股权的对外转让要受到"法律强制性规定+公司章程"的双重限制。目前,市场上有一些平台的股权众筹项目,其融资方采取原始股东转让一部分股权给投资人的方式,毫无疑问,这属于股权的对外转让,应受到严格的程序限制。但在互联网金融的背景下,这些烦琐复杂的程序显然无法得到落实。这样一来,由于程序瑕疵导致的股权转让无效等问题,值得我们深思。

4. 私募可以试点,公募股权众筹还会远吗?

随着备受关注的《证券法》修订草案将互联网众筹的规则纳入其中,业界一直期待的公募版众筹的监管细则或许将在短期内正式公布。

根据《证券法》修订草案,通过证券经营机构或者国务院监督管理机构认可的其他机构,以互联网等众筹方式公开发行证券,发行人和投资者符合国务院证券监督管理机构规定条件的,可以豁免注册或者核准。这一条款,为刚刚起步的股权众筹行业提供了极大的发展空间,股权众筹有望迎来新的发展阶段。

在大众创新、万众创业成为热潮的背景下,股权众筹被提高到一个前所未有的高度。中国资本市场的多层次架构正在形成,股权众筹有望成为多层次资本市场的重要补充和金融创新的重要领域,对服务实体经济与宏观杠杆水平控制至关重要。

股权众筹的本质在于,公司面向普通投资者进行融资,投资者通过出资入股公司成为股东,并且可以获得未来收益。对于创业者来说,股权众筹募集到的资金不仅可以用于产品的生产，还可以用于公司其他业务的拓展和运营需要。而对投资人来说，股权众筹是一种真正的风险投资行为，最终获得的收益很可能是本金的几十倍甚至几百倍，也有可能全部投资都化为灰烬，打了水漂。

目前，股权众筹处于发展初期，这块蛋糕的容量还是有限的，对于创业者，金融大鳄的接踵而至，如影随形，是一个巨大威胁。

创业就是一种同质化竞争，一旦大家觉得这个行业有钱赚，就会纷纷涌入，该行业马上从蓝海变为红海。而相比草根平台，业界巨头的优势非常明显。

一是资源优势。资金充足是股权众筹的先天优势。对于金融大鳄来说，资源优势的一个特点是伴随有很多的线下推广，包括招商、路演等，花费不菲，而小平台的资金运用能力有限，对创业者的吸引能力比较弱。目前，在股权众筹方面，巨头大多采取"领投+跟投"的模式，这就与各大 VC 之间形成了竞争与共存的关系。类似京东众筹这种让知名 VC 作为领投人的模式，则大幅降低了跟投人的风险。

二是信用背书，使巨头在初创企业圈中形成良好口碑。很难想象京东和阿里巴巴会拿着投资人的钱卷包跑路，投资者面对的风险将集中在项目上，而平台风险几乎为零。

三是资源嫁接，这是草根平台无法望其项背的优势。融资只是创业企业需求的一小部分，众筹对创业企业提供的最大帮扶就是，为其提供全方位的资源和功能支持。例如，京东创业生态圈，包括京东体系内资源、外部资源协力方、创业导师公益组织及京东众创学院。

不难预见，互联网金融的创新，尤其是高风险的领域，将从开始就拒绝纷乱无序的草根创业过程，迅速进入到大佬围猎的过程。市场空间虽大，但是对于新进入者，这个漫长而煎熬的过程是极其困难的挑战。

国务院公布《关于大力推进大众创业万众创新若干政策措施的意见》（以

下简称《意见》），对创业从营业执照到知识产权及上市都有相关政策支持。其中，《意见》第十条提及丰富创业融资新模式，支持互联网金融发展，引导和鼓励众筹融资平台规范发展，开展公开、小额股权众筹融资试点，加强风险控制和规范管理。

5．对于未来的展望

国务院明确"公开、小额股权众筹融资试点"，这也引来了对公募版股权众筹的展望与猜想。

1）公募版众筹政策可期

在业内人士看来，现在推行的私募版众筹背离了股权众筹多人、小额的本质。此次国务院提及开展公开、小额股权众筹融资试点，也使业内展开联想。国务院提及股权众筹多人、小额的特点，或许离业界期待的公募版股权众筹的政策出台为时不远，但该政策不会很快出台。

早在2015年1月，业内就流传证监会开始就"公募版股权众筹"的细则草案——《股权众筹融资试点管理办法》（以下简称"公募办法"），在小范围征集意见。据相关人士猜测，最新的"公募办法"将会规定：单个项目的融资额度不能超过300万元人民币；要求参与项目的投资人年收入超过12万元人民币，一年内投资总额不能超过年收入的10%，且要分散投资。"公募办法"没有明确提及公募版众筹能否突破200人的限制。

实际上，关于公募版股权众筹的探索一直在进行中。2015年5月18日，国家发改委在《关于2015年深化经济体制改革重点工作的意见》中的表述是："开展股权众筹融资试点"。业内人士称，监管层有意批准京东、阿里巴巴、平安三家公司进行公募股权众筹试点，允许其公开发行注册豁免，即不超过一定额度的公开发行（如300万元人民币），无论投资者人数多寡，均豁免向证监会注册。但这一消息一直未获官方渠道证实。

2）投资门槛有没有适当权衡

2014年12月，证券业协会按照"鼓励创新，防范风险"的基本要求，起草并发布了《私募股权众筹融资管理办法（试行）（征求意见稿）》。不过，此办法遭到股权众筹行业的不同程度的反对，意见最多的是门槛过高和不公平。对此，证监会新闻发言人回应称，公众对该规则的理解可能存在误区，中证协上述管理办法针对的是私募股权众筹行业，投资者适当性制度是私募市场的基础性制度。

私募众筹投资的门槛参照私募股权投资设定，公募众筹将会在投资门槛上怎样设定？如果门槛过低，那么筹集不到足够的资金；如果门槛过高，又会降低投资者的参与度。因此，还需要在金额的限制上有一个合理的设置。公募股权众筹涉及的投资者与资金量都会大很多，也就预示着更大的风险，更严格的审核是非常必要的，必须要有一套监管制度来保障投资的安全性。

监管规则设立的思路可能会参考美国 JOBS 法案，对股权众筹进行相关豁免，包括突破众筹参与人数限制，规定投资人的投资上限，以及单个项目一年的融资额度限制等，私募股权众筹办法则可填补监管的阶段性空白。在股权众筹市场未成熟的今天，项目制众筹成为行业一个普遍通行的做法，即寻求融资的公司并不会选择以公司的形式融资，而是以某个项目进行融资，这种在影视艺术等高风险产业比较流行。

3）监管初步思路

近期，监管层关于股权众筹频频发声。证监会发言人张晓军表示，证监会正在对股权众筹的融资试点进行积极研究，股权众筹的试点方案正在履行必要的程序，相关情况将及时通报。

中国人民银行金融研究所所长姚余栋设想，要将股权众筹打造成为中国资本市场的新五板。姚余栋表示，股权众筹好比幼儿园小学阶段，中学就是进入新四板和新三板，上了大学就到了中小板、创业板和主板市场。目前，主板服务于大型、中型企业；中小板和创业板服务于创新型企业；新三板服务于各类高科技企业，即成为未来中国的纳斯达克；四板市场即区域性的产权交易市场；新五板就是众筹平台。

4）股权众筹的两个底线

对于目前的监管层来说，股权众筹有两个底线——不设资金池、不提供担保。在行业发展初期就应有行业自律，即不设资金池，平台不碰钱，这样就不会有道德风险，即使出了问题也不用跑路，建议平台由第三方支付进行资金托管。同时，平台不得提供担保，一旦担保了将来会有隐性兑付。

还有一个红线就是，股权众筹平台不能突破目前《公司法》和《证券法》所规定的 200 人的众筹人数上限。这也是为什么目前地产众筹产品中，只有租金等收益权众筹的原因。如果涉及物业的所有权，则受限于股权众筹的严格监管，参与者必然很少。

5）退出机制

股权众筹股东如何转让自己的股权？目前法规规定，股权众筹平台不得从事股权转让。这虽有利于避免资金池的产生，但同时也抑制了投资者通过一对一或者一对多等形式转让其持有的股权来盘活资产的合理需求。整体来看，股权众筹退出方式可以多样化，如通过创业者回购，寻找合适的接盘机构，"私募报价系统"转让，上新三板和创业板等。

目前，新三板与股权众筹已有衔接试验。据了解，数家股权众筹平台通过线上募集，以及线上领投两种形式正式推出"新三板"产品，打通个人投资者参与新三板投资的渠道。其中，深圳本土众筹机构——众投邦于 2015 年 5 月 18 日成功获得 B 轮 5000 万元人民币的融资。另外，2015 年 5 月 21 日，天使客股权众筹平台宣布成立新三板领投基金，以期让更多的 GP（主投机构）参与到拟挂牌新三板项目的筛选和投资决策中。

6）普惠更多人群

股权众筹如何普惠到更多人，这既关系到数十万家中小企业能否更快地融到资金，也关系到这一新事物未来发展空间有多大。

　　股权众筹的核心思想是降低投资门槛，让普通人也能够参加到一些"高富帅"才能玩的游戏当中。但事实来看，并不完全如此。目前，京东股权众筹的最低门槛是 30 万元人民币，百筹金融的最低门槛是 20 万元人民币。实际上，在操作过程中，对合格投资者的要求会更高，其年收入远不止几十万元人民币，甚至要年收入上千万元人民币。但是，在某个项目中，会给普通投资者一些尝试机会。例如，5000 元人民币可以投资一个股权众筹的项目，但是这个名额是有限的，可能只有一个。

　　未来，随着《证券法》等的修订，股权众筹的股东可能会突破目前 200 人的规定。根据现行《证券法》规定，向不特定对象或向特定对象累计超过 200 人发行证券，属于公开发行证券。公开发行证券，必须经国务院证券监管机构或国务院授权的部门核准。建议将来可以在修改《公司法》、《证券法》时，将标准放宽到 500 人到 1000 人，这符合将来众筹的发展。但是，在目前法律没有修改的前提下，一定要遵守法律，不能突破 200 人的红线。

第 4 章 产品众筹项目操作实务

4.1 产品众筹操作实务

4.1.1 产品众筹的意义

众筹并非什么新鲜概念,而是一直都存在的一种商业形态。社交网络普及后,人与人之间的沟通交流变得十分简单,同时,朋友圈、群又可以对人的信用进行检验和监督。社交效率和信用监督得到保证之后,也为众筹从精英层向平民的发展提供了强有力的支撑。社交网络的普及是众筹概念开始繁盛的最重要原因,是众筹得以平民化的优秀土壤。众筹就是让每个平民都可以参与创业,享受创业的激情和乐趣,并获得创业成功后应得的回报。只有通过众筹才能体现人人为我,我为人人的真正意义。

同时,互联网这个产品拥有天然的众筹基因,每款成功的互联网产品都是由千百万普通网民共同帮助,不断优化,不断追求极致的典型。很多互联网产品每次设计出新版本之后,会邀请企业内部员工内测,然后大范围公测,这个过程就是以互联网产品为中心众筹一群有共同需求的人,他们都爱好这个产品,都必须要使用这个产品,他们发自内心地帮助企业提建议,共同优化产品。在这个过程中,互联网技术起到了关键性的作用。

当前众筹概念的火爆与社交网络普及、信用监督完善、网络支付手段便捷、金钱数字化、社群网络化、信息透明化都有着密不可分的关系。同时,互联网的普及不仅带来了技术的变化,在参与互联网产品众筹的过程中也养成了人们对自我权利、民主的追求,让他们都想对自身不满意的产品和服务提建议,并希望得到采纳,甚至希望与其他有共同需求的人一起重新打造一个产品和服务。

产品众筹是通过用户的真金白银的投票支持，最快速发现和发掘有潜力的产品项目，并通过验证项目是否符合市场需求，从而大大降低项目失败的风险。众筹平台本身就是一个天然的路演平台，帮助发起人获得第一批忠实粉丝。众筹后的数据结果将为项目获得融资提供最强有力的说明，可以供投资者参考，帮助他们做出决策。标准化的项目呈现和商业计划节省了风投的时间，他们不必亲自搜索特定的信息，众筹平台能够帮助企业家了解如何准备及呈现自己的项目，从而吸引更多的投资人。另外，众筹平台还能提升信息分享、谈判及融资的速率。

4.1.2 产品众筹流程

在众筹平台上进行产品众筹一般包括以下操作流程。

1. 项目策划

（1）确定众筹方案，拟定回报细则。

最好能为投资人/捐助人提供有诱惑力的礼品或超值的回报。为鼓励投资者，发起人常常会给他们一些超值回报，这些超值回报可以让投资者保持较高意愿和积极性。

（2）包装产品，发掘优点，制作宣传资料。

从项目的前期准备到后期的营销推广，期间最重要的环节就是项目包装。了解需要上线的众筹平台的相关规则，设置合理的筹资金额和合适的回报方案后，就需要进行包装项目。最好使项目内容一目了然，并利用过去的销售数据或市场调研数据佐证项目的前景。

2. 平台发布

（1）选择合适的众筹平台。

现在，大大小小的众筹平台很多，要谨慎选择符合自己产品定位的众筹平台。例如，京东众筹平台上经常发布高科技产品，淘宝众筹平台关注人群体量大。数据显示，截至 2015 年 5 月 31 日，在全国奖励型众筹行业规模上，京东众筹筹资额占比高达 58%，淘宝众筹以 33%的占比紧随其后。在平台活跃度方面，淘宝和京东高居前两位。淘宝众筹参与人数活跃度最高，参与人数超过 100 万，京东众筹也高达 80 万。因为京东、淘宝众筹本身上线门槛很高，所以许多项目发起者都以这两个平台为上线目标，其中还有许多项目发起者耗费了大量的精力和时间却未能上线。

作为项目发起人，首先要对自己的产品有很好的定位，一些垂直性众筹平台的众筹效果可能会比大平台的效果更好，因为那里的潜在用户更多，平台相关渠道更多，可以为产品带来高曝光率和大量流量，从而使筹资成功率大大提高。更重要的一点是，上线的门槛会比那些大平台要低。例如，智能硬件类可以上点名时间，影视类可以上淘梦网，游戏类可以上摩点网，音乐类可以上 5SING 众筹，文创类可以上觉，实体店铺可以上人人投。各领域专业性众筹平台可能会对每个项目提供专业性的指导，他们更能整合资源，突出优势。有些筹资效果会很好，有些可能筹资效果不太好，要学会多多甄别，选择合适的众筹平台。另外，淘宝众筹、京东众筹、苏宁众筹上线之后的筹资成功率是很高的。众筹网、苏宁众筹、青橘、追梦网这些平台也是比较大的，依托这类平台庞大的流量，效果也是很不错的。

（2）与众筹平台对接、发布。

首先需要了解所选平台发布规则，注意平台的规定，很多平台都有排他性，按照规定修改方案，提交材料，等待材料审核。在项目上线之前，尽量在线上、线下进行项目预热，这些工作也可以和平台提供的第三方外包服务沟通对接。

在众筹平台搭建项目时，要做好宣传文案，尽可能利用文字、图片、音频、视频等多形式的材料努力展现产品的优点，介绍项目的独特性，发起的原因和前景。项目上线后也要多做推广宣传，在社交平台上尽量多曝光，吸引网友对项目的关注和兴趣。在无法触摸实品、实地考察的情况下，项目的文案介绍和视频介绍就成了衡量这个项目的标准，因此需要在项目文案上多下功夫。商品的价格不完全是由其物理属性决定，更多是取决于人们的心理因素。有意思和有情感是传播的基础，能让产品变得有温度、感情和感染力，而不是一个冷冰冰的物品。

3. 后续管理

项目进程中随时发布项目的进展情况，与支持者做好互动沟通。在承诺的规定时间内完成项目，准时发货。发货后，随时关注产品反馈，做好反馈意见的处理和收集，对产品进行相应改进。

4.1.3 产品众筹注意事项

首先，如果发起一个众筹项目，一定是要把自己非常认可、非常信任和满意的产品服务拿出来众筹。众筹一定是价值的流动，而不是风险的转移。若要发起一个众筹，就要设计一个超值的回报给参与人，而不是借用这种方式偷换一个概念。

其次，一定要让参与人真正地有参与感，而不是拿来钱就可以了。一定要注意，很多人去掏钱参与一个事情不一定会要有多少回报，其实是想拥有参与感，希望有股东身份，在产品设计过程中能够表达看法。应将参与众筹的人作为粉丝，如苹果就是把粉丝当作教徒来看，乔布斯就是教主，小米把粉丝变成了参与者。未来还可以让粉丝成为公司的参与者，只有众筹、众包才能众享，在众筹的过程其实也是一次资源的众包，让很多有智慧、有能力、有资源的人共同协助创造一个项目，最后大家众享利益。

对于产品众筹，需要注意考虑如下一些细节问题。

（1）所发起的项目都必须有筹资的最低额度，以及明确的截止日期。如果在截止日期到来之时，筹资金额没有达到最低额度，项目就失败了，所有支持的款项将"原路退回"。尽管是抱着营销和测试市场的目的发起项目，但如果主要目标（之一）是筹钱，则需要仔细考虑筹资失败所损失的机会成本。

（2）把项目放到网上，等于是给山寨党出主意。尤其相对于传统渠道的公关营销，通过线上众筹时，需要放出更多信息量才足以吸引到潜在投资人。因此，对于比较独特的创意，不如考虑注册一个临时性专利（短期有效，不受到实际审查的专利），然后再进行下一步计划。

（3）B2B 产品未必适合众筹。毕竟众筹所迎合的是居于个人信仰及个体利益所激发出来的热情与动力——顾客之所以出资，必定是相信这个创意很酷、有价值或是与自己的追求一致。因此，碰到面向企业的需要去个性化的项目，就不能用众筹模式了。

（4）众筹平台或许是种子轮融资的不错选择，这时，公司需要的资金一般不到 10 万美金。如果超过这个数，就应该更多考虑传统渠道的资金来源。不过，将众筹作为融资组合拳中的一招，倒是挺明智的举措。

（5）如果商业模型需要较长的研发周期来支持（几年，而不是几个月），就不要考虑众筹了。要知道，为众筹买单的人多半是希望短期内就能看到成果的人。

第三，项目有可能涉及法律风险。众筹属于互联网金融的一个分支，作为投资方式的一种，不同的众筹类型其风险也不同。例如，产品众筹，参与产品众筹时投资者投入的资金虽是小额投资但也可能会存在一定的风险。再如，由不可抗力因素引起的产品损坏或者产品消失等突发状况；预购一款新产品时，过了交货期限却迟迟不能交货；收到众筹产品时，遇到粗制滥造的众筹产品或者是该产品与当初的预期不符。众筹作为新型的互联网金融模式其发展尚未成熟，投资者涉足此类新型的金融模式时要做好风控工作。

（1）产品众筹过程中存在众筹产品种类细分不够，界限模糊的问题，从而导致筹资人因为产品本身的问题无法获得足够资金支持而造成项目失败，且可能进一步出现违约的风险。由于现阶段我国众筹平台对于众筹产品并不进行实质审核，造成大量特质不突出，创新性不突出的产品混杂于整个众筹产品中，部分产品由于缺乏实用性、创新性及普及性，不能很好地在平台进行融资，从而导致项目失败。

（2）众筹产品质量良莠不齐，可能对投资人造成一定损失。现阶段，国内众筹平台产品无第三方机构或者平台对其质量进行检验，众筹过程中投资人也无法核实产品的实际质量，这就造成项目募资成功后，投资人可能获得质量低下的产品，使投资人遭受经济损失，从而也消弱了平台的信誉度。

（3）项目成功后，产品日后质量维修无法全部保证。由于众筹平台产品种类众多，在投资人收到产品后无法获得后续质量和维修保证，从而造成投资人日后维权艰难的尴尬境地。有些筹资人通过该模式仅提供"一锤子买卖"，根本不关心产品的维修服务。除此之外，由于一些产品的独特性，造成其无法在市场上进行维修，从而造成投资人损失。

（4）筹资人资质和实力无法保证。筹资人在产品众筹的同时未将其资质及相关实力向投资人展现，特别是对一些创新型新产品来说，由于投资人无法了解其实力，造成双方信息不对称，从而延误好项目的融资，造成项目失败。

（5）个别产品存在夸大宣传的风险，投资人获得相关产品或服务后才知道该产品名不副实，但后续追索维权又比较困难，从而对产品众筹的发展产生较大的负面影响。

（6）筹资人存在过度融资的风险。对于某些产品来说，由于其生产制作并不需要太高的成本且无后续加大生产制作力度的打算，因而当已筹资金额超过筹资人预期后，其剩余筹资款将遭到极大的浪费。

（7）现阶段，部分筹资平台的筹资款的交付方式也存在一定的风险。国内部分平台将投资人的筹资款分为两部分，一部分先期付与筹资人，剩余款项置于平台所合作的第三方支付平台内，待项目成功后再给予拨付。然而，先期资金可能由于项目失败而遭受损失，投资人虽可与筹资人进行退款协商，但因没有相关监管机构及法律法规对筹资人进行强制约束，从而可能造成投资人一定资金损失。

针对上述风险状况，建议应从以下几个方面进行防范，以避免大规模风险集中爆发。

首先，建立健全相关的法律法规及监管措施，从制度源头建立产品众筹的准入标准和相关要件。

其次，平台应自身或积极引入第三方监督机构对筹资人资质和实力，产品种类和质量，产品维修和保养，以及资金的追索等相关问题进行监管，避免出现法律纠纷及资金风险。

再次，应建立筹资人信用登记制度，将筹资人连带责任强制纳入约束体制当中，提高筹资人的相关违约成本。除此之外，应强制筹资方公募众筹项目进展情况，以便投资人及时了解项目情况。

最后，可引入第三方机构或平台自身对投资人损失的担保机制，按照权责划分机制对投资人损失进行相应赔付，从而降低投资人损失，并提高众筹平台声誉。

4.2 产品众筹实操流程

4.2.1 项目发起须知

本节以在京东众筹平台发起项目为例，详列项目发起人必须要了解的内容（如果项目不符合以下条件，将无法发起）。

1. 可以在京东众筹平台发起什么项目

（1）在京东众筹平台上发起的项目应为具有创新性质且具有可执行性的项目，且项目目标须是明确、具体、可衡量的，如制作一个实物产品，拍一部微电影或完成一件艺术创作等。

（2）项目的内容必须包含"我想要做什么事情"、"项目风险"、"项目回报"、"为什么需要支持"等信息。

（3）项目内容及发起人上传的相关项目信息（包含但不限于文字、图片、视频等）须为发起人原创。如非发起人原创，则发起人应已获得权利人的相应授权，且权利人允许发起人转授权给京东及京东的关联公司，在京东网站及京东关联公司的其他官方网站及线下媒体出于宣传京东众筹平台的目的而进行永久的免费宣传、推广、使用。

（4）项目中不允许对已经完成生产的商品进行销售，公益相关项目除外。

（5）不允许在无实质项目内容的情况下纯粹为公益组织发起募捐或以发起类似"资助奖学金"、"资助我去旅游"等为满足发起人个人需求之目的筹款。

（6）项目内容须符合法律法规及京东网站的相关规定；京东众筹平台有权对项目提出特殊要求。

（7）以下项目内容或相关项目信息不允许在本平台发布：

① 违反国家法律规定的违禁品，如毒品、枪支弹药及管制刀具相关；

② 色情、赌博、暴力、恐怖、反动、政治及宗教相关；

③ 彩票、抽奖等相关；

④ 开办公司、网站、店铺等相关；

⑤ 其他国家法律规定和京东网站规定的禁限售等违禁品信息。

（8）京东众筹平台对项目仅针对项目的合理性、项目内容与回报的匹配度等进行审核，发起人应保证发起的项目内容合法，且不侵犯他人合法权益。

（9）项目的排他性。项目在京东众筹平台募集期内及项目众筹成功后 1 个月内不得在其他任意平台进行销售或发起众筹。若项目仍在募集期内，发起人在其他任意平台进行销售或发起众筹的，则京东有权对项目强行下架，并追究违约责任。若在项目众筹成功后 1 个月内，发起人在其他任意平台进行销售或发起众筹的，发起人应向京东支付项目在京东众筹平台募集资金总额扣除 3%平台服务费后金额的 20%，最高不超过 5 万元人民币的违约金。

2．发起项目资质要求

在京东众筹平台发起项目，需要提供如下资质及相关证明文件。

1）企业经营资质

公司基本资质审核（公司四证及其他材料）：

（1）营业执照。

（2）组织机构代码。

（3）税务登记证。

（4）开户许可证（收款账户确认）。若公司一般账户收款，需提供一般账户收款证明扫描件（加盖公司章）；若其他公司代理收款或个人收款，需要提供授权（点击下载授权模板）。

（5）法人身份证复印件。

（6）经营产品品牌：众筹项目中如果有品牌产品，则需提供商标注册或品牌授权书。

（7）若是代理公司发起，需提供相关公司、艺人等形象授权证明。

（8）公司注册年限要求：6 个月以上（如发起公司注册期不满 6 个月，母公司满足条件，可提供与母公司的关系证明）。

（9）公司提供品牌 TM、R 等注册商标的相关信息。

2）业务资质要求

需要提供：生产企业生产许可证及以下相关证件。

A．智能硬件品类

（1）个护健康：3C/CE；医疗检测报告；净水/空气行业报告；CQC。

（2）大家电：3C/CE；入网许可；能效等级认证；CQC。

（3）小家电：3C/CE；入网许可；能效等级认证；CQC。

（4）可穿戴：3C/CE；入网许可。

（5）电脑及周边：3C/CE；入网许可。

（6）智能家居：3C/CE；入网许可。

B．生活美学品类

1）个护化妆品类

（1）国产非特殊用途化妆品备案。

（2）食药监局证明。

（3）基本三证。

（4）进口备案资质。

2）礼品箱包钟表珠宝类：产品质检报告

3）母婴玩具乐器类

（1）食品：食药监局资质备案。

（2）用品：产品质检报告。

（3）生产企业生产许可证。

(4)食品流通许可证经营项目。

C. 流行文化品类

1)公益类

(1)公益机构的登记证书和组织机构代码。

(2)发起人身份证复印件签名,发起人手持身份证照片。

(3)如果是非公募机构或个人发起的,需公募机构的项目接收证明。

2)出版类

(1)出版项目只可以是作者本人(或本人所属公司)或出版社(或出版公司)发起,不能为完全不相关的第三方。

(2)出版社发起的项目:提供出版社(公司)相关资质即可。

(3)作者发起的项目:需提供与出版社签署的出版协议(扫描件)、书号信息(条形码截图)以及个人发起项目的相关资质。

3)体育类

(1)有明星的需提供肖像证明。

(2)有代理的需提供授权证明。

(3)有场地的需提供报批证明。

4)音乐类

(1)艺人发起需要身份证信息。

(2)演唱会相关的时间、场地信息(大型的户外音乐节,需要提供举办的资质)。

（3）非艺人经纪公司和艺人本身发起的项目，需要提供艺人形象授权

5）影视类：涉及明星的形象，需要提供电影 IP 的形象授权

6）动漫类

（1）版权证明：被授权的动漫版权形象需要提供从授权方到各级被授权商的完整版权链证明文件，原创动漫形象需要提供专利证明或国家版权局的原创版权注册证明。

（2）免责声明：原创类动漫形象，除提供利证明或国家版权局的原创版权注册证明外，还需要提供形象免责声明，说明该形象如出现抄袭、侵权等问题时，所有责任由项目方承担，与京东无关。

7）旅游类

（1）线路旅行：旅游公司资质，包机、包岛、包场等承包性质的需要提供被承包方出示的合约或证明文件。

（2）酒店、场地等涉及不动产项目：整套不动产审批手续，银行、金融、政府（其中一方）的担保证明。

8）游戏类

（1）游戏项目必须为公司发起，不能为个人。

（2）除提供游戏公司相关资质外，游戏项目必须在开发进度已达到试玩的程度才可以发起项目。

（3）有其他形象的衍生情况，需要形象所有方提供形象的授权使用证明。

（4）游戏衍生品项目，必须为公司发起，不能为个人。

（5）衍生品，必须有原生形象以及内容的授权证明。

3. 在众筹期间，项目发起者需要做的工作

（1）需发起者自己在后台提交项目，并完成页面设计、视频制作（非必需），具体请参照相关设计及文案规范以及已在线的众筹项目（京东众筹会审核文案、页面设计等）。

（2）项目成功后，产品类众筹需按照《京东众筹回报服务协议》承担对支持者的实物回报物流处理。

（3）如支持者要求开具发票，需由项目发起方给支持者开具相应的发票。

（4）项目募集期，需自主维护相应项目话题区，及时答疑解惑。

（5）需承担相应的售后工作，由京东众筹监督完成。

（6）保证项目在京东众筹的募集期间不在其他线上或者线下渠道销售或进行众筹

4. 京东众筹平台为你提供的服务

（1）设计指导

（2）众筹方案指导

（3）京东资源推广

（4）提供交易平台

5. 众筹平台服务器与款项发放

（1）除公益项目外，京东众筹会收取项目募集金额的3%作为平台服务费。

（2）为保护支持者权益，在项目募集期，所有支持款项均在网银在线第三方监管。项目筹款成功后，京东众筹平台将在确认收款信息无误后的 3 个工作日内，将募集总金额扣除 3%平台服务费后的剩余款项的 70%交付给发起

人，并预留余下的 30%作为确保项目成功并保证支持者获得回报的保证金，在项目成功无纠纷且所有支持者得到承诺回报的情况下，京东将把这部分款项交付给发起人。

（3）若项目募集失败，或其他原因造成项目强制下线。所有支持款项将直接退回给支持者。

6. 众筹前的一些常见问题

1）我要如何发起众筹项目？

（1）注册京东账号；

（2）打开京东众筹官网：http：//z.jd.com，点击中间焦点图右上角的"+"按钮；

（3）阅读并勾选同意《服务协议》，点击"立即发起项目"，请务必认真阅读《服务协议》；

（4）上传项目并提交。

具体请看本页面中流程图下方的【发起项目】部分。

2）昵称或头像上传不了，或者让选择默认头像？

首先查看是否是用要求的个人账户上传（企业账户不能上传头像），再查看头像尺寸是否正确，系统有缓冲时间，多传几遍即可。

3）怎么看项目编号？

项目链接地址的最后几位数字即是该项目的编号。

4）同一发起人账号，可以同时发起两个或多个项目吗？

可以，但是京东众筹有权对该情况下的发起项目的真实性、合法性及合理性等进行必要审核。

5）无版权的素材可以在项目详情页中出现吗？

不可以。详情页面所使用的所有素材、发起人应当拥有合法版权，包括自有版权或有权的第三方授权的版权。

6）项目目标金额、众筹时间、回报时间有限制吗？

京东众筹对目标金额没有限制。建议众筹时间在 25～60 天之间，回报时间最长为众筹结束后 200 天内，项目发起人可以根据项目实际进度进行设置。

7）什么样的项目更受欢迎容易成功，如何提高项目的成功率？

（1）精准的方案策划，清晰明了传递给支持者你的计划、创意；

（2）准确定位目标消费人群，综合消费特征，有效满足实际消费需求；

（3）突出与现有产品的异同，找到真正的消费痛点；

（4）合理的目标金额、合理的档位设计、有效的众筹时间；

（5）通过微信、微博等社交媒体，增强曝光度，提升关注度。

8）项目详情页面中必须要有视频吗？

京东众筹并不要求必须提供视频，但是有视频效果会更好。

9）档位回报因配送产生的邮费由谁来承担？

项目发起人根据自身实际情况及项目回报方式，决定运费由谁承担，在上传项目时，会进行相关说明及邮费设置。

4.2.2　项目发起流程

在京东平台上发布产品众筹的流程如图 4-1 所示。

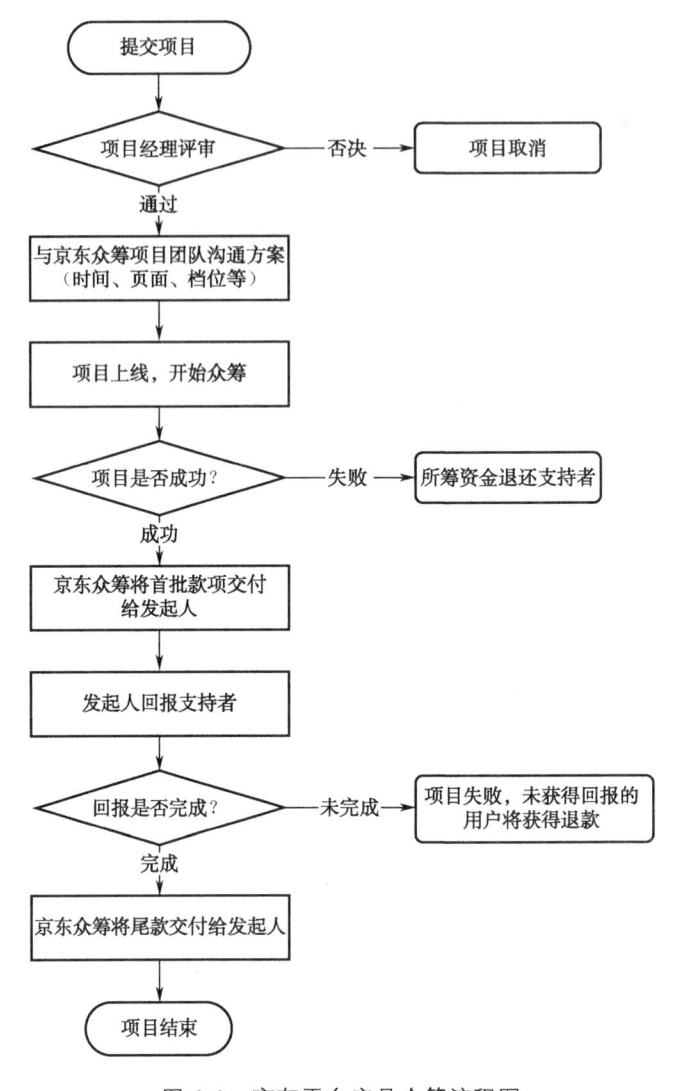

```
┌─────────────┐
│  提交项目    │
└──────┬──────┘
       ↓
    ◇项目经理评审◇ ──否决──→ ┌─项目取消─┐
       │通过
       ↓
┌──────────────────┐
│与京东众筹项目团队沟通方案│
│（时间、页面、档位等）  │
└──────┬───────────┘
       ↓
┌──────────────────┐
│项目上线，开始众筹     │
└──────┬───────────┘
       ↓
    ◇项目是否成功？◇ ──失败──→ ┌所筹资金退还支持者┐
       │成功
       ↓
┌──────────────────┐
│京东众筹将首批款项交付  │
│给发起人              │
└──────┬───────────┘
       ↓
┌──────────────────┐
│发起人回报支持者       │
└──────┬───────────┘
       ↓
    ◇回报是否完成？◇ ──未完成──→ ┌项目失败，未获得回报的│
       │完成                    │用户将获得退款       │
       ↓
┌──────────────────┐
│京东众筹将尾款交付给发起人│
└──────┬───────────┘
       ↓
┌─项目结束─┐
```

图 4-1　京东平台产品众筹流程图

4.2.3　众筹维护须知

切不要以为项目上线就可以高枕无忧了，接下来才是最关键的时刻，还需要注意以下事项。

（1）时刻关注项目支持人数、众筹金额、PV、UV、流量来源，以便制定相应的推广计划。

（2）及时维护话题区，与用户互动，回复用户的问题。

（3）及时更新项目进展，让用户知道项目的最新情况（如果用户在较长的等待期间，对产品进展毫不知情，有可能会要求退款）。

（4）及时优化众筹页面（修改页面只能由众筹运营人员来进行）。

（5）进行线上、线下推广，引入流量，从而提升转化。

以下介绍京东众筹项目管理后台的一些操作，以及众筹期间应该注意的事项。

1. 项目管理

京东众筹项目管理系统服务对象是商家，即众筹项目发起人，功能主要定位于售后服务（取消订单、退款、退换货、申请平台介入等）；提供商家关于发起项目的进度查询，数据查询等功能。

项目管理：项目方可以查询所有在众筹平台成功发起过的项目，查询条件包括项目编号、项目名称、项目创建时间、项目状态、项目标签。可查看和导出项目信息。

交易管理：包括订单查询、流量查询、发货管理。

1）订单查询

处于众筹中的项目不支持订单导出，众筹成功可导出订单，可看到完整显示的手机号和地址信息。

查看详情：收货人信息手机号和地址部分隐藏（手机号以*隐藏中间四位，地址只显示到省市）。

2）流量查询

商家可以区分是否包含 1 元档位，可以根据日期小时/天查询所发起项目的 PV/UV/订单转化率，并可以区分 PV/UV/订单转化率的来源、京东体系内、京东体系外,以及直接输入的方式。

3)发货管理

项目成功后导出订单进行发货,发货后导入快递单号。

售后管理:包含取消订单管理和平台介入,需要注意以下几项事项。

(1)项目方需要在客户提交取消订单后三日内进行审核,若三天未审核则系统自动审核通过,并自动退款。

(2)申请时众筹中,众筹成功结束这个申请还没有审核的,申请取消订单的请求自动驳回。

(3)当用户申请取消订单被商家第二次驳回且对驳回意见不满意时,可以"申请平台介入"的操作。

个人中心:包括基本信息和收款账户信息。

2. 话题区维护

你发起的众筹项目聚集了大量的支持者,这是你的首批粉丝,你与粉丝的互动会影响到粉丝的口碑,所以请你定期进行众筹话题区的积极维护工作,耐心解答用户的咨询。

通过话题区的积极维护工作,及时解答用户的疑虑、与支持者保持经常互动,可以大大缓解支持者在众筹中产生的各类情绪,减少客户投诉及退款等情况的发生。同时,可以有效控制用户舆论导向,减少因话题区的问题对其他支持者产生的负面影响,提高潜在支持者的转化率。保持良好的用户体验和用户互动,树立企业服务形象,将产品在用户心中活跃起来。

4.3 产品众筹实操案例

4.3.1 iMagic 智能灯众筹

1. 项目简介

iMagic 智能灯泡在京东众筹销售非常火爆,众筹时间不到一半已经 20 多万元人民币众筹金额,iMagic 之前在点名时间做过一次众筹,在海外的销售也取得了不错的效果。这是由一群有多年物联网行业经验的精英,聚集在一起研发的一款智能灯泡,该产品利用科技与智慧使灯光梦幻多彩,简单易于超控,让生活充满乐趣。有媒体报道,iMagic 智能灯泡是世上非常精致的智能蓝牙灯泡,由法国知名设计师设计,是目前行业里一些大牌公司即使包括飞利浦,GE 也没有一家可以媲美的精致灯泡,无论是从品质,还是从光效、光通量上,都达到了行业优秀水准。

2. 项目情况

iMagic 智能灯泡在京东上进行过两次众筹项目发布。通过第一次众筹吸引了很多此款智能灯泡的粉丝,宣传了该产品,在广泛收集产品的用户体验和建议基础上,加上第一次成功众筹的经验,改进并升级了产品。以下是他们第二次在京东众筹上做的项目发布和筹资情况。

¥1　　　　　　　　　　　　　　1617位支持者

限额2999位 | 剩余1382位

非常感谢您的支持，由京东众筹官方从每100名支持者中随机抽取1位幸运者（中奖名单将在话题区公布，1位用户多次支持只能抽奖1次），获得iMagic XING（OVAL）1台。

配送费用：免运费
预计回报发送时间：项目成功结束后30天内

¥139　　　　　　限额已满　　　　100位支持者

限额100位 | 剩余0位

感谢您对iMagic的关注与支持。恭喜您超值价139元获得iMagicXING（OVAL）1台。

配送费用：免运费
预计回报发送时间：项目成功结束后30天内

￥159　　　　　　　　　　　　　　　　20 位支持者

限额 1000 位 | 剩余 980 位

感谢您对iMagic的关注与支持。恭喜您以远低于市场价的159元获得iMagicXING（OVAL）1台和便携LED随身灯1个。

配送费用：**免运费**
预计回报发送时间：**项目成功结束后30天内**

￥199　　　　　　　　　　　　　　　　23 位支持者

限额 2000 位 | 剩余 1977 位

感谢您对iMagic的关注与支持。恭喜您以远低于市场价的199元获得iMagicXING DIY组合。（内含iMagicXING HELEN以及OVAL灯罩，可自由拆卸组合）

配送费用：**免运费**
预计回报发送时间：**项目成功结束后30天内**

￥239 15位支持者

限额 2000位 | 剩余 1985位

感谢您对iMagic的关注与支持。恭喜您以239元获得iMagicXING+iMagic幻彩智能灯泡（浩瀚银）。（请备注iMagicXING OVAL或HELEN型号，否则随机发货）

配送费用： 免运费
预计回报发送时间：项目成功结束后30天内

￥299 48位支持者

限额 2000位 | 剩余 1952位

感谢您对iMagic的关注与支持。恭喜您以299元获得iMagic XING情侣套装（iMagicXING OVAL+HELEN台灯各一个）。

配送费用： 免运费
预计回报发送时间：项目成功结束后30天内

￥1399   8 位支持者

限额 100 位 | 剩余 92 位

感谢您对 iMagic 的关注与支持。恭喜您获得 iMagicXING 10 台（请备注 iMagicXING OVAL 或 HELEN 型号，否则随机发货）。

配送费用： 免运费
预计回报发送时间：项目成功结束后 30 天内

￥6699   0 位支持者

限额 100 位 | 剩余 100 位

感谢您对 iMagic 的肯定与信任！恭喜您获得 iMagicXING 50 台，成为我们的首发大客户（请备注 iMagicXING OVAL 或 HELEN 型号，否则随机发货）。

配送费用： 免运费
预计回报发送时间：项目成功结束后 30 天内

无私奉献　　　　　　　　　　　　　　**4位支持者**

不需要给回报，选择此项，项目成功后发起人将不会给您发送回报

4.3.2　二孩众筹

众筹的项目具有个性化的特点，很多项目因为新颖而吸引了众多出资人的目光。二孩众筹也是一个极具创新性的众筹项目，该方案正在筹划中，欢迎各位关注参与。

1．二孩众筹方案

方案一

众筹发起人："二孩俱乐部"

网址：www.2babyclub.com

众筹目标：找200个出资人，每人出资5000元人民币，目标众筹金额为100万元人民币，给这200家庭之中某一位的二孩作为成长抚养金。

众筹回报：出资人将获得50本书《商业模式新探——二孩众筹》，价值5000元人民币；拥有参与和获奖资格（100万元人民币大奖，中奖率1/200），或者成为世界第一个"众筹二孩"的义亲（限量版证书）。出资人将50本书筹卖给50个支持者，即可免费获得"众筹商学院"学员资格，购书家庭同时获得"二孩俱乐部"会员资格。

众筹人群：拥有北京市户口和住房，已经或打算生二孩的家庭（为了便于长期线上线下沟通聚会的稳定性而设立）。

方案二

众筹发起人:"二孩俱乐部"

网址:www.2babyclub.com

众筹目标:找"二孩众筹"合伙股东,一人为自己的"二孩"找 200 个义亲。

众筹回报:获得"二孩成长抚养金"50 万元人民币,前 50 人将成为"二孩众筹"合伙人,共同拥有"二孩众筹"平台 10%股权分红。"二孩"义亲将 50 本书《商业模式新探——二孩众筹》筹卖给 50 个支持者,即可免费获得"众筹商学院"学员资格,购书家庭同时获得"二孩俱乐部"会员资格。

众筹人群:已经或打算生二孩的家庭。

方案三

众筹发起人:"二孩俱乐部"

网址:www.2babyclub.com

众筹目标:找"二孩众筹"合伙股东,一人为自己的"二孩"找 50 个义亲。

众筹回报:获得"二孩成长抚养金"10 万元人民币,"二孩"义亲将 50 本书《商业模式新探——二孩众筹》筹卖给 50 个支持者,即可免费获得"众筹商学院"学员资格,购书家庭同时获得"二孩俱乐部"会员资格。

众筹人群:已经或打算生二孩的家庭。

2. 二孩众筹商业逻辑

二孩家庭面临精力和财力上的压力,此众筹项目能够给予他们"筹人、筹智、筹资"的帮助,成为他们做此项众筹行为的动力和激励。

二孩家庭找到能够支持他们的义亲，这群人既与二孩家庭结缘，相互之间又结成一个人脉圈，还可以获得众筹商学院的学员资格，通过众筹行为获得线上线下的商创学习和深度社交机会。

购书的家庭，可以获得《商业模式新探——二孩众筹》一书，了解众筹和商业模式，充分理解"二孩众筹"，同时拥有"二孩俱乐部"会员资格，获得各种线上线下的教育学习交流机会。

第 5 章 股权众筹业务流程

5.1 无领投股权众筹业务流程

无领投股权众筹业务流程如图 5-1 所示。

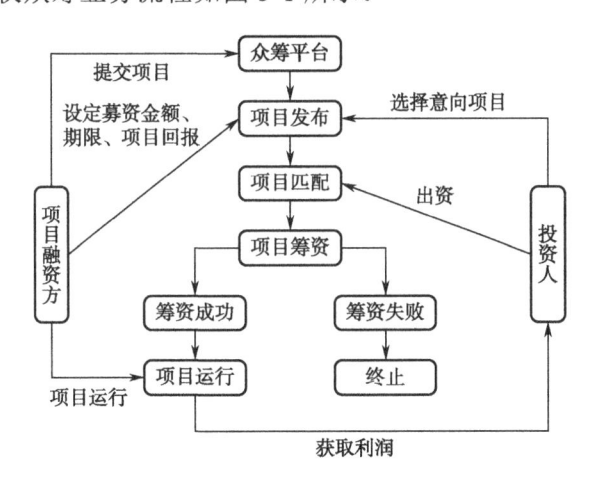

图 5-1 无领投股权众筹业务流程

（1）融资者提出申请：融资者将拟融资项目信息（包括项目介绍、筹资金额、出让股权比例、联系方式等）上传到股权众筹平台。

（2）平台对项目进行审核：平台对项目进行筛选与审核，包括约谈项目负责人、申请材料核对、项目尽职调查等。

（3）发布融资项目：项目通过筛选与审核后，平台对外发布项目的详细信息与融资情况，供投资人网上阅览。

（4）投资人进行项目评估：用户注册个人信息并申请成为投资人，注成功后可以对股权众筹平台上项目信息进行浏览。

（5）投资人认筹：投资人通过分析股权众筹平台上的项目信息并结合自身投资经验，对合适的项目进行投资。

注意，在筹资日期内，募集资金如果未达到预定目标，则该项目众筹被视为不成功，之前的投资资金返还给用户；如果达到预定目标，则项目视为成功。需要特殊说明的是，当筹资资金未达到预期目标时，经与融资人协商，如果融资人同意，也可视为成功项目。

5.2 "领投+跟投"股权众筹业务流程

1. 项目筛选

股权众筹第一步是低成本、高效率地筛选优质项目。创业者需要将项目的基本信息、团队信息、商业计划书上传至股权众筹平台，由平台的投资团队对项目做出初步质量审核，并帮助其完善必要的信息，提升商业计划书质量。

2. 创业者约谈

天使投资的投资标的主要为初创型企业，企业的产品和服务研发正处于起步阶段，几乎没有市场收入。因此，传统的尽调方式并不适合天使投资项目，而决定投资与否的关键因素就是投资人与创业者之间的有效沟通。在调研的过程中，多数投资人均表示，创始团队成员的能力与素质是评估项目的重要标准之一，即使项目在早期阶段略有瑕疵，只要创始团队学习能力强、具有战略眼光，投资人也可以考虑对其进行投资。

3. 确定领投人

优秀的领投人是天使合投能否成功的关键。领投人通常为职业投资人，在某个领域有丰富的经验，具有独立的判断力、丰富的行业资源和影响力以及很强的风险承受能力，能够专业地协助项目完善BP、确定估值、投资条款和融资额，协助项目路演，完成本轮跟投融资。

在整个股权众筹的过程中，由领投人领投项目，负责制定投资条款，并对项目进行投后管理、出席董事会及后续退出。通常情况下，领投人可以获得5%~20%的利益分成作为收益，具体比例根据项目和领投人共同决定。

4. 引进跟投人

跟投人在股权众筹过程中同样扮演着重要的角色。通常情况下，跟投人不参与公司的重大决策，也不进行投资管理，通过跟投项目获取投资回报。同时，跟投人有全部的义务和责任对项目进行审核，领投人对跟投人的投资决定不负任何责任。

5. 签订Term sheet

Term sheet是投资人与创业企业就未来的投资合作交易所达成的原则性约定，除约定投资人对被投资企业的估值和计划投资金额外，还约定被投资企业应负的主要义务、投资者要求得到的主要权利，以及投资交易达成的前提条件等内容。Term sheet是在双方正式签订投资协议前，就重大事项签订的意向性协议，除保密条款、不与第三人接触条款外，该协议本身并不对协议签署方产生全面约束力。Term sheet主要约定价格和控制两个方面，价格包括企业估值、出让股份比例等；控制包括董事会席位、公司治理等方面。近年来，Term sheet有逐步简化的趋势，IDG、真格基金等推出一页纸Term sheet，仅包含投资额、股权比例、董事会席位等关键条款，看上去一目了然，非常简单易懂。

6. 设立有限合伙企业

在合投的过程中，领投人与跟投人入股创业企业通常有两种方式：一种是设立有限合伙企业以基金的形式入股，领投人作为GP，跟投人作为LP；另一种是通过签订代持协议的形式入股，领投人负责代持并担任创业企业董事。

7. 注册公司

投资完成后，创业企业若已经注册公司，则直接增资；若没有注册公司，则注册新公司并办理工商变更。

8. 签订正式投资协议

正式投资协议是天使投资过程中的核心交易文件，包含 Term sheet 中的主要条款。正式投资协议主要规定投资人支付投资款的义务及其付款后获得的股东权利，并以此为基础规定与投资人相对应的公司和创始人的权利义务。协议内的条款可以由投融资双方根据需要选择增减。

9. 投后管理及退出

除提供资金以外，天使投资人利用自身的经验与资源为创业者提供投后管理服务，目的是为了帮助创业企业更快成长。另外，类似于云筹这样的股权众筹平台，也会在企业完成众筹后，为创业者和投资人设立投后管理的对接渠道。投后管理服务包括发展战略及产品定位辅导、财务及法务辅导，帮助企业招聘人才、拓展业务、再融资等方面。

10. 退出

退出是天使投资资金流通的关键所在，只有完成了有效的退出才能将初创企业成长所带来的账面增值转换为天使投资人的实际收益。天使投资主要的退出方式包括 VC 接盘、并购退出、管理层回购、IPO、破产清算等。

5.3 如何选择众筹平台

目前已有的股权众筹项目的发起方式主要包括通过众筹平台和不通过众筹平台（但通过互联网工具）两种，于是就产生了四种结果，即通过平台成功或不成功以及不通过平台成功或不成功。《私募股权众筹融资管理办法（试行）（征求意见稿）》的第二条明确说明"（适用范围）本办法所称私募股权众筹融资是指融资者通过股权众筹融资互联网平台（简称'股权众筹平台'）以非公开发行方式进行的股权融资活动"。在政策正式出台前，选择哪种发起方式均可。

1. 项目方和投资人之间连接和信息互通问题

"股权众筹"简单地说就是"找人一起合伙创业、开公司、做事业"。有人会说："我们以前就是这么做的呀！有什么区别呢？"对于项目方，在初期创业时，首先会选择和亲朋好友交流，希望获得认可和支持。这样做的结果是沟通的人群有限且时间成本高，很难找到天使投资人。而互联网的传播时效快且受众面广，通过它来寻找认同和支持项目的天使投资人的确是一个不错的选择，而且针对有投资需求的人群，无论是在线上还是线下，沟通都明显更有效，这就是股权众筹平台存在的价值之一——信息快速对称。但是，如果项目没有核心资源和壁垒，就会存在被模仿或超越的风险。

对于目前一部分中产阶级来说，股权众筹平台也打通了一条新的投资渠道，但必须认清的是"股市有风险，入市需谨慎"。国家欲出台一些政策，目的是出于对投资人的保护，毕竟创业失败率高于 90%，何况在不够完善的市场体系下，不排除还是有个别居心叵测的人需要防范。

2. 信任问题

如何解决信任的问题呢？这就要求股权众筹的项目方和准投资人之间在项目过程中要有充分的沟通，这是一个双向选择的过程，项目方的来者不拒和投资人的一见钟情均是不可取的。对于项目的整体估值、股份出让比例、起投金额设定并不是创业团队的专业，而对于项目方所提供的信息是否真实可靠也同样是投资人关心，但却力不从心的。与有股权众筹需求的企业接触得越多，就越感觉到股权众筹方案设计无法单纯地复制。股权众筹方案的设计既涉及法律财务政策方面的共性问题，又涉及创业团队、企业发展方向的个性化问题，因此别人的股权众筹方案并不一定适合你。股权众筹平台的价值之二是第三方服务，这些服务包括搭建沟通桥梁，提供路演机会和平台，给项目本身提出优化和股权设计建议，通过尽职调查报告给投资人以参考，相关法律财务问题咨询等。基于股权众筹平台发起成功的项目，可以认为是受到监管认可的，万一未来出现问题也是有据可查且被法律保护的。

3. 时效问题

关于股权众筹项目双方所关注的时效问题，以下举例说明。2015年，某平台上的一个精品民宿旅店的项目，上线接受预约日期是3月9日，仅两天时间就超额预约；平台方立即启动约谈和尽调，于3月20日正式发行，发行期为30天；4月19日满额结束发行；4月25日召开项目方与投资人的第一次股东见面会，并计划5月9日前完成工商变更的具体工作。前后两个月的时间已经优于大多数创业融资渠道，更何况众筹股东背后的资源比起纯财务投资对项目今后的帮助更大。

4. 项目投后管理问题

大多数股权众筹平台尚都年轻，真正进入投后管理的项目屈指可数。以近几年各种合伙开咖啡馆、餐厅等创业的案例来看，还处于"理想很丰满，现实很骨感"的状态。定期通过第三方平台向投资人披露经营信息和报表就显得尤为关键，至少在企业出现问题时可以考虑通过众多投资人的背后资源协助解决，从而降低失败率。就算失败了，投资人也可以知道自己的钱亏在哪里。

在这个环节，股权众筹平台的价值在于从投资人的角度出发对项目进行跟踪、监督和协调。未来也会打造出一个可供投资人交易退出的服务通道。

股权众筹平台在一定程度上为创业者和投资人搭建了信息交互的桥梁，这里还是要保守地说一句，互联网可以解决一部分信息对称问题，但无法取代真正的面对面沟通。基于此，股权众筹平台在全国布点，由项目经理亲临现场考察，组织投资人与项目方约谈，就显得尤为重要。好的项目需要更多、更精、有韧性的沟通和调研，只有项目负责人对地域文化和经济背景更加熟悉，才能更高效地引导项目走向融资成功。

目前，有区域性布局的众筹平台还不多，像"众筹网"、"人人投"这样立足本地，结合当地特色的发展模式，或可成为其他股权众筹平台下一步战略推进的重要参考方向。

作为股权众筹的重要主体，证监会对合格投资人的标准还未最终确定。投资人除需要有一定数额的金融财产和实物资本外，投资人对自己的金融知识还应进行不断的扩充和补给。如《公司法》、《证券法》、《私募股权众筹融资管理办法》等，都是投资前必备的基本知识。虽然投资赚钱是好事，但是投资心态也是不容忽视的，任何时候，都不建议以投机的心理面对股权投资；资产配比更是建议最高不要超过年收入的 20%。投资是一种金融游戏，贵在从容应对、机智理性地处理问题。

总而言之，在大众创新、万众创业成为热潮的背景下，股权众筹会发展成为多层次资本市场的重要补充，并占据金融创新的重要领域，对服务实体经济与宏观杠杆控制至关重要。处于新生期的股权众筹只有被更多人了解、体验和鞭策，才能健康地发展和成长。

第 6 章　众筹平台创建、运营与监管

6.1　众筹平台概要

"众筹平台"（Crowdfunding Platforms，CP）是一个在众筹领域耳熟能详的热词，在互联网的搜索引擎中可以搜索到近 600 万条相关结果。通过前面几章的介绍，了解了什么是"众筹"（CrowdFunding，CF），自然也了解了什么是"平台"。那么"众筹+平台"就是我们理解的"众筹平台"吗？回答当然是否定的。"众筹平台"作为专有词汇是基于 PC 端或手机端的互联网众筹。因此，应称为"互联网众筹平台"更为确切。本章在不进行特别说明的情况下，"众筹平台"就是指"互联网众筹平台"。

国内目前没有关于"众筹平台"方面的专著，甚至连"众筹平台"的专业研讨和论述也极其罕见。因此，有关"众筹平台"的概念模糊，莫衷一是。但是，国外对"众筹平台"的研究十分深入，并且有不少相关专著。尤其是 Florian Danmay 编著的 *Archetypes of Crowdfunding Platform* 可谓是"众筹平台"的开山之卷！同时，在 *The JOBS Act: Crowdfunding for Small Businesses and Startups* 一书中也对"众筹平台"有所论述。

在我国于 2015 年 9 月 23 日正式颁布的《国务院关于加快构建大众创业万众创新支撑平台的指导意见》（简称《指导意见》）中，对众筹做出了十分明确的定义：众筹，汇众资促发展，通过互联网平台向社会募集资金，更灵活高效地满足产品开发、企业成长和个人创业的融资需求，有效增加传统金融体系服务小微企业和创业者的新功能，拓展创业创新投融资渠道。

在《指导意见》的第六条："稳健发展众筹，拓展创业创新融资"中，

具体指出了众筹的三个发展方向：积极开展实物众筹；稳步推进股权众筹；规范发展网络借贷。由此可见，在我国众筹除传统的产品众筹、公益众筹、股权众筹、项目（如房地产）众筹等形式外，还兼有借贷的网络金融的属性。这样的众筹会兼具有限合伙、PE、互联网金融等特质。同时，也明确了我国的众筹就是众筹平台，就是互联网金融平台。

6.2 众筹平台典型实例

6.2.1 Kickstarter

网址：https://www.kickstarter.com

全球较著名的众筹平台 Kickstarter 于 2009 年 4 月由"公益公司"在美国纽约成立。该网站的创意来自一位华裔创始人 Perry Chen（中文译名陈佩里），他的正式职业是期货交易员。Perry 热爱艺术，开办了一家画廊，还时常参与主办一些音乐会。2002 年，他因为资金问题被迫取消了一场筹划中的在新奥尔良爵士音乐节上举办的音乐会，这让他非常失落。进而，他开始酝酿建立一个募集资金的网站。Perry 回忆说："一直以来，钱就是创意事业面前的一个壁垒。我们脑海里常会忽然浮现出一些不错的创意，想看到它们能有机会实现，但除非你有个富爸爸，否则不太有机会真的去做到这点。"经过了漫长的等待之后，2009 年 4 月，Kickstarter 终于上线了。

Kickstarter 网站致力于支持和激励创新性、创造性、创意性的活动,包括音乐、网页设计、平面设计、动画、作家及所有有能力创造并影响他人的活动。通过这个网络平台面对公众集资,让有创造力的人可能获得他们所需要的资金,以便他们的梦想有可能实现。通过 Kickstarter 网站,任何人都可以向某个该网站中的项目捐赠指定数目的资金。如果项目众筹成功,平台将收取 5%的中介费;如果众筹失败,则平台分文不取,众筹资金则重新返还到投资人手中。

2010 年,美国《时代》周刊将 Kickstarter 网站评选为当年最佳发明之一。2011 年,《时代》周刊又授予其年度最佳网站称号。全球迅速蔓延起众筹热潮,各国出现了大批 Kickstarter 的模仿者。Perry 本人也获得了认可,2012 年他被美国《财富》杂志评为"40 位 40 岁以下的商界精英";2013 年他又入选《时代》周刊知名的"全球 100 位最有影响力人物"榜单。

6.2.2 Crowdcube

网址：http://www.crowdcube.com

Crowdcube 众筹平台由达伦·西湖（Darren Westlake）和卢克郎（Luke Lang）在埃克塞特大学创新中心建立，由于其创立了企业经营者筹集资金的新模式，所以被英格兰银行描述为银行业的颠覆者。Crowdcube 是一种以股票为基础的筹集资金平台，有别于 Kickstarter 等其他众酬平台。

在这个平台上，企业家们能够绕过天使投资和银行，直接从普通大众手中获得资金。而投资者，除了可以得到投资回报，并可与创业者进行交流外，还可以成为他们所支持企业的股东。如果项目众筹成功，平台将收取 5%的中介费；如果众筹失败，则平台分文不取，众筹资金重新返还到投资人手中。

2013 年 2 月，Crowdcube 的这种模式被金融市场行为监管局（FCA）认定是合法的。Crowdcube 属于 FCA 所监管的五种众筹类型之一。

6.2.3 HeadTalker

网址：https://headtalker.com

HeadFunder 创建于 2014 年 4 月，是建立在社交媒体基础上的一个众筹平台。

HeadFunder 平台创始人认为："很难想象众筹项目脱离社交媒体营销而存在。"通常，众筹平台将项目宣传的任务完全交给项目发起人。这是因为，如果不愿为自己的项目宣传付出努力，那么项目本身可能就不值得资助。不过，大多数众筹平台还是会给予发起人一些社交方面的帮助。这些帮助包括在项目界面上添加 Twitter 和 Facebook 上的分享按钮，或者添加控件允许发起人在自己的个人主页上发布项目相关信息等。

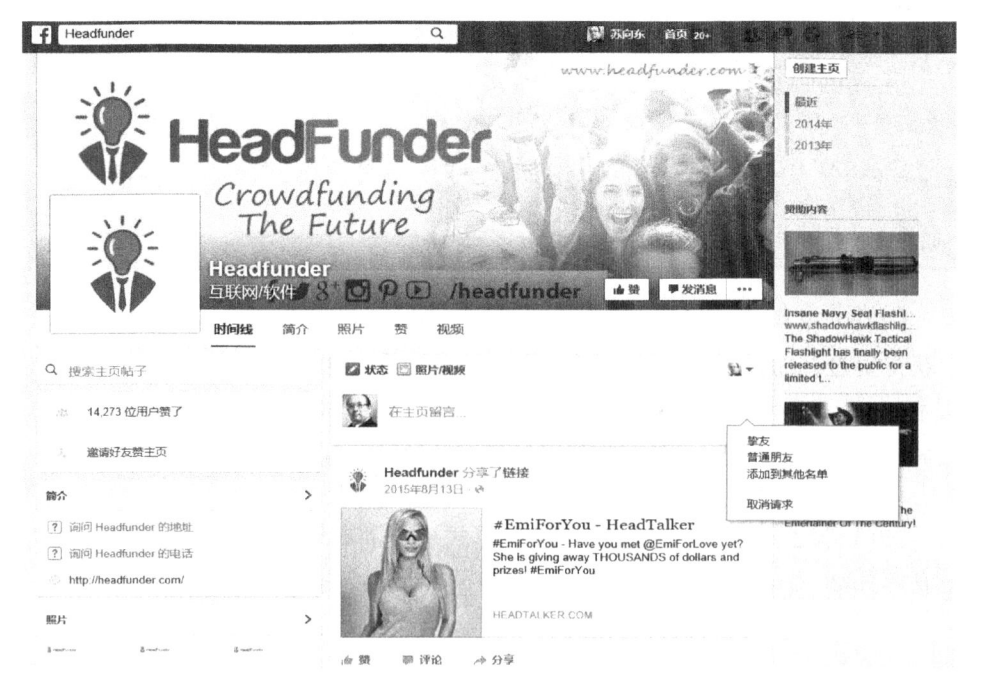

上图就是 HeadFunder 在社交媒体 Facebook 上正在推送的众筹项目。

HeadFunder 团队决定将它们的众筹平台改良，建立社交覆盖为核心概念的社交媒体众筹平台。从 2014 年 5 月开始，该平台为用户提供互相聊天的功能，支持关注兴趣相投的人士，为平台访问者设立交际平台，讨论在筹项目，宣传未来项目计划等。这个功能后来被剥离出来并建立了自己的网站，即 HeadTalker。HeadTalker 是一个众推（crowdspeaking）平台，支持用户向社交媒体网络发送消息。众推与众筹的概念类似，不过众筹筹的是钱，而众推筹的是个人社交媒体空间。在 HeadFunder 网站的介绍中可以了解到，其佣金收费比例为 30%。

6.2.4 Seedrs

网址：https://www.seedrs.com

Seedrs 于 2012 年 7 月创立，是英国首批得到金融服务管理局（FCA）认证的平台，也是全球范围内首批获得当地金融监管机构批准的股权众筹平台。

Seedrs 的目标是，让具有全球化愿景的初创公司无论其身处何地都能从全球投资人那里募集资金。Seedrs 目前在伦敦、旧金山设有办公室。它加入了伦敦国际化商业项目，以满足其国际化扩张的野心。

从创立到拓展欧洲市场，Seedrs 仅用了一年多的时间。2014 年后期，Seedrs 收购了美国旧金山的一家投资公司——Junction Investments，其两位创始人 Adam Kaufman 和 Brian Goldsmith 目前是 Seedrs 的美国负责人。

美国《创业企业促进法案》于 2015 年 10 月获得通过。该法案首次允许未认证投资人参与股权众筹，目的是为加速众筹市场的发展，使美国金融市场更有活力。Seedrs 创始人 Jeff Lynn 声称美国市场是他们的重点开拓对象。

Seedrs 要求创业者提供关于众筹项目的相关信息，包括产品和团队介绍、市场背景、盈利战略和募资用途等内容。Seedrs 的独特之处在于其投后管理的代理制，资金交由银行托管，较之由第三方支付平台托管更令人放心。当初创公司达到预期的融资目标后，投资人可选择是否由 Seedrs 代理股权管理，或由 Seedrs 代替投资者通过和创始公司签订协议。这样做对投融资双方的益处在于，融资方，即初创公司只需与代理人沟通，而非面向海量投资者，这样就降低了沟通成本；而投资方，尤其是并不具备相关专业知识的普通投资人，通常没有能力监督企业发展，而 Seedrs 平台的专业人士则有这个能力，进而能够为普通投资人节省时间成本。

与 Seedrs 旗鼓相当的另一家伦敦股权众筹平台是 Crowdcube，它同样也走国际化路线，但两者的运作理念和模式有着本质区别。

6.2.5　2016 年国内十大众筹平台排名

2016 年是众筹行业发展的高峰期，而众多的众筹平台各种各样，让很多创业者无从选择，不少创业者把众筹平台排名情况作为发起项目的重要参数。以下提供 2016 年国内十大众筹平台排名。

1．淘宝众筹

网址：https://izhongchou.taobao.com/index.htm

淘宝众筹是阿里公司旗下的综合式众筹平台，旨在为有创业梦想的人实现自己的梦想。创业者可以获得淘宝众筹完整的链条式服务，从产品的生产加工、定位包装，到产品的物流和众筹后期的持续运营，甚至产品的迭代升级。根据 2015 年 11 月的众筹统计，淘宝众筹成功项目有 300 个，筹资金额为 179218235 元人民币。

2. 京东众筹

网址：http://z.jd.com/sceneIndex.html

京东众筹是京东金融推出的综合式众筹平台，目前主要以产品众筹为主打方向。为了满足市场更多需求，京东众筹推出了重新定义众筹模式、众筹时限的新玩法——信用众筹、筹∞（即无限筹）等。根据 2015 年 11 月的众筹统计，京东众筹成功项目有 170 个，筹资金额为 73034954 元人民币。

3. 众筹网

网址：http://www.zhongchou.com

众筹网是网信金融集团旗下的综合众筹平台，旨在为项目发起者提供筹资、投资、孵化、运营等一站式综合众筹服务。根据 2015 年 11 月的众筹统计，众筹网众筹成功项目有 168 个，筹资金额为 3950424 元人民币。

4. 苏宁众筹

网址：http://zc.suning.com/

苏宁众筹是苏宁金融集团旗下的综合众筹平台，也是国内首个线上、线下全渠道众筹平台。项目发起者可根据用户在实体店进行的试用、评测和认筹等情况，帮助产品优化升级。此外，苏宁众筹还能够为项目发起者提供一体化解决方案。根据 2015 年 11 月的众筹统计，苏宁众筹成功项目有 42 个，筹资金额为 78674695 元人民币。

5. 青橘众筹

网址：http://www.qingju.com/

青橘众筹是国内首批创意型众筹平台，在国内首创了递进式众筹模式。青橘众筹会选出一些优质、成熟的项目引入到后期的"筹道股权"中，再让用户对这些新企业的股权用众筹的形式进行认购，进一步地提供支持。根据2015年11月的众筹统计，青橘众筹成功项目有4个，筹资金额为695600元人民币。

6. 聚米金融

网址：http://www.jumifinance.com/invest/index.html

聚米金融是一家专注于互联网影视的众筹平台，该平台将互联网的新型投资模式和互动方式引入到影视剧的生产、制作、宣发等环节，使所有人都能够借助聚米金融众筹社区投资影视剧，玩转娱乐圈。根据2015年11月的众筹统计，聚米金融成功项目有3个，筹资金额为2200000元人民币。

7. 淘梦网

网址：http://www.tmeng.cn/

淘梦网是一家专注微电影的垂直型众筹平台，电影团队可以在平台上发布拍摄计划、列出预算、展示团队、记录进度、沟通交流、寻求合作，最终完成作品创作。根据2015年11月的众筹统计，淘梦网成功项目有2个，筹资金额为 20870 元人民币。

8. 创客星球

网址：http://www.themakers.cn/project/discover.html

创客星球于 2014 年 6 月 18 日正式上线，是国内首家结合电视的众筹平台。该平台与宁夏卫视联合推出了一档"创客星球"节目，以电视作为曝光渠道筹资。

9. 摩点网

网址：http://www.modian.com/

摩点网是国内首家游戏动漫众筹平台，秉承"为有诚意的作品说话"这一品牌理念，专注于游戏动漫、影视娱乐等文化创意产业。

10. 追梦网

网址：http://www.dreamore.com/

该平台于 2011 年 9 月 20 日正式上线。上线以来，追梦网共上线音乐、电影、出版、人文、旅行等各种类型项目数百个，总筹资额达 300 多万元人民币。

6.3 众筹平台创建

众筹平台创建需要事先进行缜密的思索与设计。切忌在众筹平台创建过程中仓促上马、半途而废,或是修修补补、不断地推倒重来。因此,在众筹平台创建伊始就要有一个完整和成熟的设计方案。对众筹的理解不同、涉及的领域不同、侧重点不同使众筹平台彼此之间千差万别。无论怎么陈述众筹平台的创建,都难免挂一漏万。本书将尽力为读者就众筹平台的创建进行详细的讲解。

6.3.1 众筹平台创建的层级设计

一个好的众筹平台根据参与主体的不同,应当涵盖政府级(G 级)、企业级(B 级)和大众级(C 级)三个层级。

这三个层级之间的关系如图 6-1 所示,它们之间是联动的关系,即 G+C+B,不是彼此割裂的关系。

图 6-1 众筹平台的三个层级

若要充分发挥众筹平台在筹人、筹智、筹力、筹资源或筹钱等方面的巨大价值和潜力,就需要考虑 G+C+B 的多级联动,同时构建涵盖 C 级的股权众筹、产品众筹、消费众筹、债权众筹及公益众筹在内的多层次复合众筹模式。

6.3.2 众筹平台创建的结构设计

众筹平台应包括一个众筹前台和一个管理后台,如图 6-2 所示。

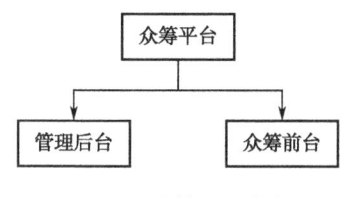

图 6-2 众筹平台结构

众筹前台的主要功能是众筹项目的发布、众筹状态的实时更新、支持资金的收取、众筹回馈和结束等。

众筹后台的主要功能是众筹的项目管理、会员管理、收支管理等。

6.4 众筹平台运营

众筹平台运营流程如图 6-3 所示。

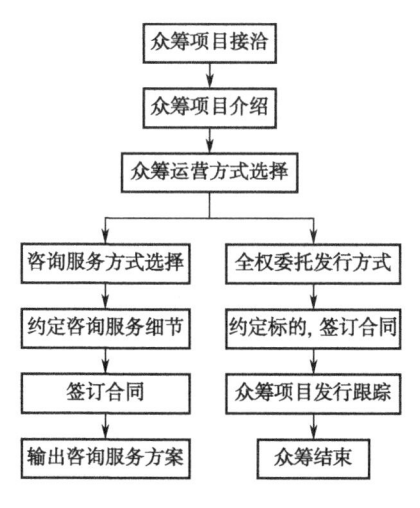

图 6-3 众筹平台运营流程

众筹平台运营的一个重要环节就是众筹项目的发行，该环节包括众筹项目的锁定、上线、预热、路演、管理。

6.5　众筹平台监管

众筹平台中颇具争议且需要规范和监管的是"股权众筹"。为此，在证监会创新业务监管部支持下，中国证券协会于 2014 年 12 月 18 日颁发了《私募股权众筹融资管理办法（试行）（征求意见稿）》（后文简称《管理办法》），向社会公开征求意见。时至今日，未见有正式文件下发执行。《管理办法》将股权众筹平台界定为"通过互联网平台（互联网网站或其他类似电子媒介），为股权众筹投融资双方提供信息发布、需求对接、协助资金划转等相关服务的中介机构"。对于从事私募股权众筹业务的股权众筹融资平台（以下简称股权众筹平台），主要定位服务于中小微企业，众筹项目不限定投融资额度，充分体现风险自担的原则。平台的准入条件较为宽松，实行事后备案管理。在股权众筹平台的经营业务范围方面，为避免风险跨行业外溢，《管理办法》规定股权众筹平台不得兼营个人网络借贷（即 P2P 网络借贷）或网络小额贷款业务。这点显然在其后由国务院颁发的《指导意见》中"规范发展网络借贷"的条款里得到了松绑。

6.6　众筹平台发展趋势

根据零壹研究院数据中心 2016 年 2 月 23 日最新发布的报告称，2015 年股权众筹规模约为 50 亿元人民币，占据众筹行业半壁江山。尽管相关监管细则尚未出台，自 2014 年国务院常务会议首提股权众筹融资试点开始，股权众筹无疑迎来了新的发展。与此同时，行业闭环生态开始显现，大平台市场份额扩大，中小平台发展空间受挤压——迄今，业内逾两成平台已经出局。

零壹研究院数据中心不完全统计显示，截至 2015 年 12 月 31 日，中国互联网众筹平台（不含港台澳地区）至少有 365 家，其中 2015 年全年上线的平台有 168 家，同比增长 7.0%。此外，至少有 84 家平台停运、倒闭或转型，约占平台总数的 23%。

这一平台总数统计和网贷之家发布的数据类似，后者称截至 2015 年 12 月 31 日，全国共有正常运营众筹平台 283 家（不含测试上线平台）。网贷之家的数据还显示，2015 年共有 40 家众筹平台倒闭（平台网站无法打开时间超过 30 天），26 家众筹平台转型。究其原因，多为平台规模小，无法与大平台竞争，细分市场又没做好等。

零壹财经报告显示，2015 年，产品众筹累计筹款额超过 30 亿元人民币，京东和淘宝两家合计占七八成市场份额；股权众筹年度规模在 50 亿～55 亿元人民币之间，约为 2014 年的 4～5 倍，各类机构都在跑马圈地，京东以 7 亿元人民币融资额领先；此外，在房地产众筹方面，包括平安、绿地、万科、碧桂园、SOHO 中国、万荣在内的房地产众筹联盟成立，截至 2015 年底，此类平台逾 20 家，累计募得资金逾 20 亿元人民币。

第 7 章　众筹典型案例解析

7.1　第一个筹资过千万元的众筹项目——"三个爸爸"空气净化器

7.1.1　众筹起源

"三个爸爸"空气净化器,由陈海滨、戴赛鹰、宋亚南三人发起,他们三人都是爸爸或者即将成为爸爸。由于北京雾霾严重,他们想在市面上为孩子寻找一款真正有效的能够除去 PM2.5 和甲醛的空气净化器,但是令人失望的是,一直发现没有合适的。市面上绝大多数空气净化器都达不到其生产商宣称的效果,少数效果不错的价格高昂,在万元人民币以上。

作为创业者，他们都有创业的经历和雄心。他们三人一拍即合，"既然有需求，市面上又没有合适的产品，我们为何不自己生产呢？"于是决定生产一款效果最好的、专为儿童打造的空气净化器，名字就叫"三个爸爸"。

由于以前从事的并不是这个行业，困难可想而知，从人员招募、产品设计到研发制造，遇到了很多意想不到的问题，幸运的是这些问题都被他们逐一解决了。

7.1.2 众筹成功

净化器产品正式上市之前，他们在 2014 年 9 月底开始在京东众筹平台启动产品众筹。2014 年 10 月 21 日，就在京东众筹平台上线的第 29 天，该项目众筹金额突破 1000 万元人民币，中国首个千万级众筹就此诞生。最终，该项目众筹了 1122 万元人民币。

7.1.3 原因分析

"三个爸爸"众筹成功，有以下几个原因。

1）产品是核心

产品是核心，没有好的产品，营销再好也很难持续。"三个爸爸"正是在全国都被雾霾所困扰的 9～10 月进行的众筹活动。该产品针对儿童、孕妇等弱群体对雾霾等空气污染物不耐受的特点进行了产品设计，并通过各项检验证明了该产品的高品质。可以说，"三个爸爸"儿童空气净化器正是抓住了母婴及京津冀地区人群的痛点。

2）推广宣传

众筹并非"酒香不怕巷子深"的活动。在项目上线之前，应准备一整套营销方案，搞清楚如何进行宣传推广。应早早就开始预售，在产品上市数月前就与关注者谈论自己的产品，向他们汇报项目的最新进展，让他们在项目上线之前就产生兴趣。

"三个爸爸"正是彻底地贯彻了这一宣传原则，除找到多位营销界、投资界及影视界的名人为"三个爸爸"背书，并在各大楼宇广告投放分众广告外，还为在京东的众筹活动准备了一揽子的社会化媒体推广计划。

2014年9月22日至10月22日，"三个爸爸"在微播易平台收集了100多个母婴类、养生类、京津冀地域类微信订阅号，并投放了产品相关内容，如"健康育儿宝典"、"北京微生活"、"天津教育"等，覆盖2500多万目标消费人群。

2014年10月20日，"三个爸爸"在优酷平台组织了一场题目为"决战优酷之巅——净化论"的视频论战，由"三个爸爸"的创始人之一戴赛鹰与那威辩论"空气净化器是否为精神产品"。投资圈、电商圈名人，也在自己的微信朋友圈里对此次辩论进行了分享，吸引了大量的潜在消费人群前往观战，进一步加大了产品曝光率。

经过这一揽子全方位的传播，一个千万级别的众筹项目诞生了！

3）黑马会社群

"三个爸爸"的成功某种程度上是黑马会的成功。黑马会是《创业家》杂志社下属的创业者社群，拥有几千名企业创始人会员以及大量投资人资源。

"三个爸爸"众筹得到了黑马会的大力支持，《创业家》的社长牛文文多次为"三个爸爸"站台，并通过黑马会的微信群为其进行传播。在2014年9月19日、20日，黑马会社群内发布了"三个爸爸"的众筹消息，很多黑马会的成员到京东平台参与众筹，并在第一时间下单，同时还通过自己的朋友圈、微信群大量传播，带动了项目的推广。

黑马会是个创业社群，里面聚集了大量的资源和能量，"三个爸爸"通过众筹这个导火索，使得其平时聚集的资源和能量得到充分的释放和爆发，产生了巨大的效果，也充分体现了"社群+众筹"的爆炸效果。

7.2 神奇的"罗辑思维"

7.2.1 罗胖赢了

2015年10月20日,著名的知识型社群"罗辑思维"在其公众号上宣布B轮融资已经完成,目前估值13.2亿元人民币。创建于2012年12月21日的"罗辑思维",在短短3年不到的时间里,已经估值超过10亿元人民币,成为社群经济运营的成功个案。

罗振宇,自媒体视频脱口秀"罗辑思维"的主讲人,互联网知识型社群的试水者,资深的媒体人和传播专家,历任CCTV"商务电视"、"经济与法"、"对话"等节目的制片人,2008年从央视离职,成为自由职业者。2012年底,他与独立新媒体创始人申音合作,打造了一款知识型视频脱口秀节目"罗辑思维"。在半年时间内,"罗辑思维"便由一款互联网自媒体视频产品逐渐延伸成长为全新的互联网社群品牌。

"罗辑思维"属于自媒体新秀,其中包括微信语音、视频、线下读书会等具体互动形式,主要服务于80后、90后中有"读书求知"需求的群体,打造互联网知识型社群。"罗辑思维"的口号是"有种、有趣、有料",做大家"身边的读书人",倡导独立理性的思考,凝聚爱智求真、积极向上、自由阳光、人格健全的年轻人。

罗振宇在很多场合都讲过,"罗辑思维"的成功依靠的是社群的力量。人类是社群动物,每个人都想找到与自己有着相同属性的一群人,所以有句话叫作"志同道合",还有一句话叫作"道不同不相为谋"。以前,要想找到与自己属性相同的人是非常偶然的事情,且成本非常巨大,因此出现了"伯牙摔琴谢知音"的典故。随着互联网的出现,找知音这件事情变得简单了许多。另外,80后、90后大多是独生子女,他们在孤独的环境中长大,与自己的父辈相比,有着更加强烈的寻找社群的需要。同时,互联网大潮的来临使得找社群这件事情在80后、90后身上变成了一件迫切需要而且可以满足的事情。

之前的很多互联网形式,如论坛和贴吧,就是帮助大家在互联网上寻找自己志同道合的社群。论坛会分为很多板块,每个板块都有自己的版主,大家在论坛上发起话题,相互碰撞和认同,从而形成对同一话题感兴趣的一群人的集散地。贴吧是同样道理。线下的很多聚会就是来源于线上这些有着强烈认知感的网友,他们不甘于只在网上交流,从而实现线下的相互认知,甚至发展成自己生活中的朋友。

赛斯·高丁认为,社会是由人组成的,人依附于各种组织。一群人要形成社群,只需要两个条件:共同兴趣和沟通方式。著名媒体人王冠雄曾经在文章《"罗辑思维"估值1亿:社群电商兴起》中写道:"当人群聚集成社群,而且有了领袖,领袖向社群注入了信仰,这种信仰又被社群高度接受,这时,社群就有了巨大力量,这种力量将无坚不摧!"

"罗辑思维"的商业逻辑就是,依靠内容聚集对"罗辑思维"感兴趣的受众,形成社群,依靠社群的力量发展一系列的生态,完成销售的闭环,从而实现收入。截至2015年10月,"罗辑思维"视频节目已播出三季,播放量超过2.9亿人次,其微信订阅号用户也已突破530万人。

7.2.2 史上最无理的会员招募

社群的力量有多大？看看"罗辑思维"的两次募集就可以知道了。

2013年，罗振宇在微博发起了一项会员和铁杆会员募集活动，前者需交会费200元人民币，后者需交会费1200元人民币，罗振宇本人没有承诺提供任何回报，但5500个会员名额却在6小时内宣告售罄。160万元人民币通过支付宝、银行等多个渠道汇入指定账号，甚至活动截止后，还有人试图继续汇款，罗振宇的团队不得不发微信劝阻。

2013年12月27日，"罗辑思维"在名为"史上最无理的会员招募"的第二次社群招募中，一天便轻松募集800万元人民币。

7.2.3 原因分析

"罗辑思维"利用微信进行传播，通过粉丝的朋友圈能使多少人看到？如果每个粉丝的朋友圈可被看到的人以10人计算，那么"罗辑思维"的覆盖面超过5000万人，如果以20人计算，那么覆盖面就超过1亿人。现在"罗辑思维"的估值为13.2亿元人民币，其实就是社群的价值。

现在，整个互联网都在研究如何利用用户来实现收入，也许"罗辑思维"蹚出了一条新路。小米公司靠粉丝营销把自己做成了一个估值450亿美金的公司，而"罗辑思维"也靠罗振宇的经营估值超过1亿元人民币，这些都证明了社群的价值。因此，对于拥有众多粉丝的企业或个人而言，更有价值的是拥有一个社群，一旦成为这个社群的领袖，也许很多商业运营就会轻松起来。

"罗辑思维"的发展路径可被社群运营者借鉴。起始阶段，依托移动互联网提供的便利传播方式，针对广泛潜在的受众传播优质的内容，迅速聚合一群具有共同兴趣爱好、相同价值观的人群；后转型为网络知识社群，运用各种创新方式运营社群，以保持社群持续的互动性；在社群较有活跃度时，再开展一系列商业活动，例如，对其社群内部成员销售商品，以及将"罗辑思维"这一平台向外进行销售，成为企业投放广告的平台，以达到获益目的。罗振宇说过，新媒体的本质就是社群，未来"罗辑思维"有可能形成"类交易所"机制，成为一个中介，它可以帮助社群成员接触到一切东西，包括钱、品牌、初始用户、传播渠道等，此时的社群已经成为一个可以自消化、自生长、自循环的生态系统。在这一发展路径中，首先，媒体的内容是基础，媒体的一系列传播活动成为用户进入社群的入口；其次，经营社群是关键，这中间伴随社群的活跃度及稳定性，会进行一系列商业活动，以此来沉淀用户；最后，社群会形成一个闭合的、可以进行各种交易的平台。总之，用户会因为好的产品（内容或者工具）聚集在一起，通过社群沉淀，用户之间因为社群内共同的价值观和兴趣而进行参与式的互动，社群从而达到留存，最后有了深度连接的用户。

从销售方面分析，用户购买终极公式如下：

购买=需求+信任+感情

需求是购买的前提和基础，苹果公司之类的高明的卖家还可以引导需求。需求有了，卖家一大片，到底买谁的呢？这就要看信任，没有信任，就没有成交。往往我们信任的不止一家。例如，超市有沃尔玛还有家乐福，网上商场有京东还有天猫，吃烤鸭有全聚德还有金百万，都值得信任，那就要拼感情了。我喜欢京东，那就会无视天猫的种类丰富甚至价格更低，我喜欢全聚德，就会无视金百万的停车更方便……

作为一名创业者或传统企业老板，如何能够快速地与用户建立信任和感情呢？答案只有两个字：社群。

可以说，社群是打通品牌和用户的最短路径，是传统企业转型的利器，是创业启动的最佳选择。

7.3 "小菊咖啡"一周筹资 540 万元人民币的内幕

7.3.1 "小菊咖啡"起源

2015 年,在热闹非凡的众筹圈子里,有一个众筹项目格外引人注目,它的就是"小菊咖啡"。"小菊咖啡"是以前华为员工为主体的众筹咖啡馆。

前华为人是一个庞大的群体,有大约 15 万人,分布在世界各地,仅北京就有 1 万多人。有一个线上的前华为人组织,叫华友会,通过 QQ 群和微信群进行交流,各地定期也有线下的活动,如北京每月的最后一个周末有一次华友线下聚会。但由于没有固定的场所,每次活动都是打游击战,这次在一个咖啡馆,下次去一个茶馆,再下次去一个会所。同时,由于是松散的组织,所以活动的持续性和品质难以得到保证。

2015年1月份，前华为员工陆学彬、符立明和袁海涛在一个咖啡馆聚会，谈到了这个事情。三人都意识到了这个问题："既然我们有这么庞大的前华为人资源，经常组织聚会有对场地的实际需求，为什么不自己做一个呢？"三人一拍即合，当天就确定了要利用众筹方式做个以前华为人为主题的咖啡馆，作为前华为人聚会交流的场所。

确定了要做众筹咖啡馆后，很快到春节了，三人放假回家，春节后回到北京，已经到了3月初。

三人又一次相见，确定了众筹的一些规则，如找哪些人、筹多少钱、每人出资多少、回报是什么等，并进行了任务分工，如谁制作咖啡馆运营规划、谁撰写项目计划书、谁负责对接资源等。

7.3.2 众筹成功

项目计划书和众筹方案基本完成后，他们圈定了一些重点人物，并逐一进行拜访。第一个拜访的人是彭剑锋。彭剑锋是中国人民大学教授、华夏基石管理咨询集团的董事长、中国著名的管理咨询专家，同时也是前华为顾问小组的组长，带领"华为六君子"完成了《华为基本法》的编著，在华为员工内部有巨大的影响力和很高的知名度。

交谈之后，彭老师对这个事情很认可，当场同意加入"小菊咖啡"，并接受了三位发起人的邀请，担任一号股东。有了彭老师的支持，三位发起人信心大增，接着又陆续拜访其他人，确定了原华为副总裁、人力资源部总监张建国加入，K2房地产董事长崔巍加入，其他几位原华为资深员工也陆续确定加入。

有了这些大人物的支持，三位发起人开始通过微信群和朋友圈扩散"小菊咖啡"众筹的消息。一石激起千层浪，借助微信和口碑的传播，消息在前华为人圈子中迅速蔓延，陆续有很多人主动找来，表示要加入"小菊咖啡"，意向股东群迅速扩展到100多位。

2015年3月29日,"小菊咖啡"第一次,也是目前为止唯一一次众筹路演,在海淀区寰太大厦举行,现场到了90人左右。经过计划书讲解、股东代表致辞、众筹问题交流三个环节,现场进行意向书签订,有40多人签订了意向书。该项目公布了付款规则,从2015年3月29日晚上21点开始打款,截至2015年4月5日24点,为期一周,按照打款顺序确定股东编号。

3月29号晚上21点,开始有人打款,而且有两位股东同时在21点整打款。打款持续进行,每天都会收到不同笔数的股东款项,每天都邀请打款后的股东加入正式股东群。到2015年4月5日晚上12点时,打款截止,统计发现,一周时间共有108人完成打款,并成为"小菊咖啡"的第一批正式股东。"小菊咖啡"通过众筹,一周时间募集了540万元人民币的资金,创造了当时咖啡馆众筹的新纪录。

这还仅是筹资上的成功。事后,股东情况汇总后发现,这些股东名单拉出来,绝对可以组成一个让人惊讶的团队。其中聚集了彭剑锋老师,人民大学金融证券研究所首席咨询师施炜,原华为副总裁张建国、杨建三,原华为资深员工高勇、赵友谊、段志刚、刘璐、孙立新等,以及各行各业的精英,如普天副总裁陶雄强、航天英雄十杰青年宋征宇、K2地产董事长崔巍等,还有一些不便透露姓名的人。股东分布在北京、上海、深圳、成都、广州、武汉、杭州、西安等地。

股东们不断地碰撞和对接,资源的聚集效应陆续呈现,浮现了"小菊猎头"、"小菊红酒"、"小菊红娘"、"小菊商学院"等项目。有人免费提供场地给"小菊"开第二家店,上海、南京、陕西等地有人前来洽谈在本地开店,而且是在小菊第一家店还没有正式开业的情况下。正因此,"小菊咖啡"众筹的案例被很多人在各种场合讲起,成为众筹界的一颗新星。

所有这些,都显示了"小菊咖啡"在筹钱、筹人、筹资源方面的巨大成功,也充分体现了众筹在筹资、筹人、筹资源等方面的巨大潜力。

7.3.3 原因分析

"小菊咖啡"的众筹为什么能够如此顺利？分析一下，有以下几个原因。

1. 借势华为

雷军说过："当站在风口上时，猪也能飞起来。"华为公司发展势头迅猛，2013 年其主营业务收入达到 395 亿美元，首次在营收规模上超过爱立信公司，一举成为全球第一大电信设备商，之后的 2014 年和 2015 年，更是以每年 20% 左右的速度增长，继续领跑全球通信市场。此外，华为创始人任正非的低调神秘，华为的狼性文化、床垫文化、虚拟股权制度等都透露出很多神秘感，被外界津津乐道但又无法识得庐山真面目，为华为形成了巨大的势能。"小菊咖啡"由前华为人发起，以前华为人为主体，被看作带有华为味道的众筹咖啡馆，顺势借用了华为的高势能，吸引了很多人的眼球和关注。

2. 借势众筹

2015 年，众筹在国内正处于野蛮生长阶段，所有人都在说众筹，也有不少人在做众筹，但真正成功的众筹案例太少。这时，"小菊咖啡"横空出世，华为势能和众筹势能强强联合，造就了"小菊"的强劲风头。

3. 前华为群体

"小菊咖啡"是基于前华为人这个群体做的众筹咖啡馆，有华友会作为基础，有 15 万前华为人作为资源。

从华为离职的员工，很少有人说华为的坏话。这些人通过华为这个纽带连接到了一起。华为文化很强，华为情结很浓，他们之间存在一种天然的信任关系，在这个信任缺失的社会环境下，可以想象这是多么地关键。可以说，信任是"小菊咖啡"顺利众筹最重要的原因。

实际上，所有的众筹都必须要有信任关系，否则很难成功，这也是社群众筹能够迅速火爆，并被越来越多人关注和认可的重要原因。

4. 符合人性的众筹设计

"小菊"的众筹设计是，每人出资 5 万元人民币，享受下面的有形回报和无形回报。

（1）有形回报。

① 等额返卡：每人返还 5 万元人民币消费卡。

② 股权回报：同股同权，拥有 1/200 的股权，享受 1/200 的分红。

③ 持续分红：后续所有连锁店的利润的 10%，平均分红给第一家店的所有股东。

（2）无形回报。

① 出资 5 万元人民币，可享受 1000 万元人民币规模服务，获得资源、人脉、机会等股东福利。

② 获得更多的信息，如职业发展、创业项目等。

③ 获得更多机会，如更好的职位、创业合伙人等。

④ 获得股东的身份、内心的自豪感和更多的尊重。

⑤ 获得一个有身心归属感的地方。

⑥ 可免费参加华为文化沙龙、对对碰等特色服务，结识更多优质资源。

可以看到，股东获得的回报并非单一的产品，也并非单一的股权，而是多重回报。5 万元人民币的消费卡，相当于产品回报，属于短期利益；获得股权相当于股权回报，属于中期利益；占有后续连锁店的利润、持续分红，属于长期回报，从短期、中期和长期三方面牵引，大大增加了对于股东的吸引力。再加上人脉资源的对接、归属感自豪感的获得、创业投资机会的增加，无形回报同样巨大。

附录

附录 A 众筹监管规范性文件

注：本附录收集了近年来的众筹监管规范性文件及相关部门负责人的重要讲话。

2014 年 11 月，在国务院常务会议上，李克强总理要求建立资本市场小额再融资快速机制，首次提出"开展股权众筹融资试点"。

2014 年 12 月 18 日，中国证券业协会在其网站公布《私募股权众筹融资管理办法（试行）（征求意见稿）》，就股权众筹平台性质、平台准入条件、九项禁止行为、发行方式及范围以及投资者应当具备的条件等做出明确规定。

第二章 股权众筹平台

第五条 【平台定义】股权众筹平台是指通过互联网平台（互联网网站或其他类似电子媒介）为股权众筹投融资双方提供信息发布、需求对接、协助资金划转等相关服务的中介机构。

第六条 【备案登记】股权众筹平台应当在证券业协会备案登记，并申请成为证券业协会会员。

证券业协会为股权众筹平台办理备案登记，不构成对股权众筹平台内控水平、持续合规情况的认可，不作为对客户资金安全的保证。

第七条 【平台准入】股权众筹平台应当具备下列条件：

（一）在中华人民共和国境内依法设立的公司或合伙企业；

（二）净资产不低于 500 万元人民币；

（三）有与开展私募股权众筹融资相适应的专业人员，具有 3 年以上金融或者信息技术行业从业经历的高级管理人员不少于 2 人；

（四）有合法的互联网平台及其他技术设施；

（五）有完善的业务管理制度；

（六）证券业协会规定的其他条件。

第八条 【平台职责】股权众筹平台应当履行下列职责：

（一）勤勉尽责，督促投融资双方依法合规开展众筹融资活动、履行约定义务；

（二）对投融资双方进行实名认证，对用户信息的真实性进行必要审核；

（三）对融资项目的合法性进行必要审核；

（四）采取措施防范欺诈行为，发现欺诈行为或其他损害投资者利益的情形，及时公告并终止相关众筹活动；

（五）对募集期资金设立专户管理，证券业协会另有规定的，从其规定；

（六）对投融资双方的信息、融资记录及投资者适当性管理等信息及其他相关资料进行妥善保管，保管期限不得少于 10 年；

（七）持续开展众筹融资知识普及和风险教育活动，并与投资者签订投资风险揭示书，确保投资者充分知悉投资风险；

（八）按照证券业协会的要求报送股权众筹融资业务信息；

（九）保守商业秘密和客户隐私，非因法定原因不得泄露融资者和投资者相关信息；

（十）配合相关部门开展反洗钱工作；

（十一）证券业协会规定的其他职责。

第九条 【禁止行为】股权众筹平台不得有下列行为：

（一）通过本机构互联网平台为自身或关联方融资；

（二）对众筹项目提供对外担保或进行股权代持；

（三）提供股权或其他形式的有价证券的转让服务；

（四）利用平台自身优势获取投资机会或误导投资者；

（五）向非实名注册用户宣传或推介融资项目；

（六）从事证券承销、投资顾问、资产管理等证券经营机构业务，具有相关业务资格的证券经营机构除外；

（七）兼营个体网络借贷（即P2P网络借贷）或网络小额贷款业务；

（八）采用恶意诋毁、贬损同行等不正当竞争手段；

（九）法律法规和证券业协会规定禁止的其他行为。

第三章 融资者与投资者

第十条 【实名注册】融资者和投资者应当为股权众筹平台核实的实名注册用户。

第十一条 【融资者范围及职责】融资者应当为中小微企业或其发起人，并履行下列职责：

（一）向股权众筹平台提供真实、准确和完整的用户信息；

（二）保证融资项目真实、合法；

（三）发布真实、准确的融资信息；

（四）按约定向投资者如实报告影响或可能影响投资者权益的重大信息；

（五）证券业协会规定和融资协议约定的其他职责。

第十二条 【发行方式及范围】融资者不得公开或采用变相公开方式发行证券，不得向不特定对象发行证券。融资完成后，融资者或融资者发起设立的融资企业的股东人数累计不得超过200人。法律法规另有规定的，从其规定。

第十三条 【禁止行为】融资者不得有下列行为：

（一）欺诈发行；

（二）向投资者承诺投资本金不受损失或者承诺最低收益；

（三）同一时间通过两个或两个以上的股权众筹平台就同一融资项目进行融资，在股权众筹平台以外的公开场所发布融资信息；

（四）法律法规和证券业协会规定禁止的其他行为。

第十四条 【投资者范围】私募股权众筹融资的投资者是指符合下列条件之一的单位或个人：

（一）《私募投资基金监督管理暂行办法》规定的合格投资者；

（二）投资单个融资项目的最低金额不低于100万元人民币的单位或个人；

（三）社会保障基金、企业年金等养老基金，慈善基金等社会公益基金，以及依法设立并在中国证券投资基金业协会备案的投资计划；

（四）净资产不低于1000万元人民币的单位；

（五）金融资产不低于300万元人民币或最近三年个人年均收入不低于50万元人民币的个人。上述个人除能提供相关财产、收入证明外，还应当能辨识、判断和承担相应投资风险；

本项所称金融资产包括银行存款、股票、债券、基金份额、资产管理计划、银行理财产品、信托计划、保险产品、期货权益等。

（六）证券业协会规定的其他投资者。

第十五条 【投资者职责】投资者应当履行下列职责：

（一）向股权众筹平台提供真实、准确和完整的身份信息、财产、收入证明等信息；

（二）保证投资资金来源合法；

（三）主动了解众筹项目投资风险，并确认其具有相应的风险认知和承受能力；

（四）自行承担可能产生的投资损失；

（五）证券业协会规定和融资协议约定的其他职责。

第四章 备案登记

第十六条 【备案文件】股权众筹平台应当在设立后 5 个工作日内向证券业协会申请备案，并报送下列文件：

（一）股权众筹平台备案申请表；

（二）营业执照复印件；

（三）最近一期经审计的财务报告或验资报告；

（四）互联网平台的 ICP 备案证明复印件；

（五）股权众筹平台的组织架构、人员配置及专业人员资质证明；

（六）股权众筹平台的业务管理制度；

（七）股权众筹平台关于投资者保护、资金监督、信息安全、防范欺诈和利益冲突、风险管理及投资者纠纷处理等内部控制制度；

（八）证券业协会要求的其他材料。

第十七条 【相关文件要求】股权众筹平台应当保证申请备案所提供文件和信息的真实性、准确性和完整性。

第十八条 【核查方式】证券业协会可以通过约谈股权众筹平台高级管理人员、专家评审、现场检查等方式对备案材料进行核查。

第十九条 【备案受理】股权众筹平台提供的备案申请材料完备的，证券业协会收齐材料后受理。备案申请材料不完备或不符合规定的，股权众筹平台应当根据证券业协会的要求及时补正。

申请备案期间，备案事项发生重大变化的，股权众筹平台应当及时告知证券业协会并申请变更备案内容。

第二十条 【备案确认】对于开展私募股权众筹业务的备案申请，经审查符合规定的，证券业协会自受理之日起20个工作日内予以备案确认。

第二十一条 【备案注销】经备案后的股权众筹平台依法解散、被依法撤销或者被依法宣告破产的，证券业协会注销股权众筹平台备案。

第五章 信息报送

第二十二条 【报送融资计划书】股权众筹平台应当在众筹项目自发布融资计划书之日起5个工作日内将融资计划书报市场监测中心备案。

第二十三条 【年报备查】股权众筹平台应当于每年4月30日之前完成上一年度的年度报告及年报鉴证报告，原件留档备查。

第二十四条 【信息报送范围】股权众筹平台发生下列情形的，应当在5个工作日内向证券业协会报告：

（一）备案事项发生变更；

（二）股权众筹平台不再提供私募股权众筹融资服务；

（三）股权众筹平台因经营不善等原因出现重大经营风险；

（四）股权众筹平台或高级管理人员存在重大违法违规行为；

（五）股权众筹平台因违规经营行为被起诉，包括：涉嫌违反境内外证券、保险、期货、商品、财务或投资相关法律法规等行为；

（六）股权众筹平台因商业欺诈行为被起诉，包括：错误保证、有误的报告、伪造、欺诈、错误处置资金和证券等行为；

（七）股权众筹平台内部人员违反境内外证券、保险、期货、商品、财务或投资相关法律法规行为。

（八）证券业协会规定的其他情形。

2015年1月15日，证监会主席肖钢在"2015年全国证券期货监管工作会议"上表示，加强多层次股权市场体系建设，壮大主板市场，改革创业板市场，完善"新三板"市场，规范发展区域性股权市场，开展股权众筹融资试点，继续优化并购重组市场环境，为深化国企改革、促进产业整合、推动结构调整和促进创业创新提供有力支持。

2015年3月5日，李克强在政府工作报告中提出，制定"互联网+"行动计划，推动移动互联网、云计算、大数据、物联网等与现代制造业结合，促进电子商务、工业互联网和互联网金融健康发展，引导互联网企业拓展国际市场。

2015年3月12日，国务院办公厅下发《关于发展众创空间推进大众创新创业的指导意见》，《意见》中特别提到，国务院将开展互联网股权众筹融资试点，增强众筹对大众创新创业的服务能力。

2015年3月14日，十二届全国人大三次会议印发《政府工作报告》，报告中明确把"股权众筹融资试点"列为2015年金融改革的内容之一。

2015年3月23日，中共中央、国务院印发《关于深化体制机制改革加快实施创新驱动发展战略的若干意见》，《意见》指出，开展股权众筹融资试点，积极探索和规范发展服务创新的互联网金融。

2015年4月22日，第十二届全国人大常委会第十四次会议审议证券法修订草案，欲变核准制为注册制。2015年12月17日，全国人大常委会表决通过《关于授权国务院在实施股票发行注册制改革中调整试用〈中华人民共和国证券法〉有关规定的决定》。根据决定，实行注册制，具体实施方案由国务院做出规定，报全国人大常委会备案。决定自 2016 年 3 月 1 日施行，期限为两年。

2015 年 6 月 11 日，国务院下发《国务院关于大力推进大众创业万众创新若干政策措施的意见》，《意见》指出，丰富创业融资新模式，支持互联网金融发展，引导和鼓励众筹融资平台规范发展，开展公开、小额股权众筹融资试点，加强风险控制和规范管理。

2015 年 6 月 26 日，证监会主席肖钢在第七届陆家嘴论坛表示，证监会将进一步加快多层次资本市场体系建设，推动产品创新、业务创新和服务创新，丰富和完善市场功能体系，有效支撑创新驱动发展战略。要建立广覆盖、多渠道、低成本、高效率、严监管的多层次股权市场。进一步壮大主板、中小企业板市场。推进交易所市场内部分层，在上交所设立战略新兴板，与创业板市场错位发展、适当竞争。"新三板"作为全国性的证券交易场所，要充分发挥其以机构投资者为主的制度优势，切实完善主办券商制度，场内业务与场外业务发展并重，公募与私募并举，丰富投融资产品和工具，健全"小额、便捷、灵活、多元"的投融资机制，全面增强服务创新型、创业型、成长型企业的能力。要规范发展区域性股权市场，使之成为企业投融资对接平台、企业改制规范平台、政府扶持资金运用平台。要建立工商登记部门与区域性股权市场的股权登记对接机制，支持股权质押融资。研究设立专门服务于区域性股权市场的小微证券公司试点，建立区域性股权市场与"新三板"的合作机制。开展股权众筹融资试点，为创新创业者开辟新的股权融资渠道。进一步推动私募市场发展壮大，增加创新创业资本的有效供给，完善风险投资机制，扩大创业投资、天使投资，吸引更多民间资本流向科技创新领域。

据财经媒体报道，2015 年 6 月 30 日，京东"东家"，平安集团旗下的深圳前海普惠众筹交易股份有限公司（"前海众筹"），以及蚂蚁金服的"蚂蚁达客"，获得公募版股权众筹牌照。

2015 年 7 月 18 日，经党中央、国务院同意，中国人民银行、工业和信息化部、证监会、银监会、保监会等十部委联合印发了《关于促进互联网金融健康发展的指导意见》。标志着互联网金融从"野蛮生长"走向"规范发展"。

二、分类指导，明确互联网金融监管责任

互联网金融本质仍属于金融，没有改变金融风险隐蔽性、传染性、广泛性和突发性的特点。加强互联网金融监管，是促进互联网金融健康发展的内在要求。同时，互联网金融是新生事物和新兴业态，要制定适度宽松的监管政策，为互联网金融创新留有余地和空间。通过鼓励创新和加强监管相互支撑，促进互联网金融健康发展，更好地服务实体经济。互联网金融监管应遵循"依法监管、适度监管、分类监管、协同监管、创新监管"的原则，科学合理界定各业态的业务边界及准入条件，落实监管责任，明确风险底线，保护合法经营，坚决打击违法和违规行为。

（九）股权众筹融资。股权众筹融资主要是指通过互联网形式进行公开小额股权融资的活动。股权众筹融资必须通过股权众筹融资中介机构平台（互联网网站或其他类似的电子媒介）进行。股权众筹融资中介机构可以在符合法律法规规定前提下，对业务模式进行创新探索，发挥股权众筹融资作为多层次资本市场有机组成部分的作用，更好地服务创新创业企业。股权众筹融资方应为小微企业，应通过股权众筹融资中介机构向投资人如实披露企业的商业模式、经营管理、财务、资金使用等关键信息，不得误导或欺诈投资者。投资者应当充分了解股权众筹融资活动风险，具备相应风险承受能力，进行小额投资。股权众筹融资业务由证监会负责监管。

2015年7月29日，中国证券业协会发布《场外证券业务备案管理办法》（自2015年9月1日起正式实施）通知，要求开展"私募股权众筹"业务必须备案。

第四条【管理机制安排】中国证券业协会（以下简称证券业协会）依照有关法律法规及本办法对股权众筹融资行业进行自律管理。证券业协会委托中证资本市场监测中心有限责任公司（以下简称市场监测中心）对股权众筹融资业务备案和后续监测进行日常管理。

第六条【备案登记】股权众筹平台应当在证券业协会备案登记，并申请成为证券业协会会员。

证券业协会为股权众筹平台办理备案登记不构成对股权众筹平台内控水平、持续合规情况的认可，不作为对客户资金安全的保证。

第十六条 【备案文件】股权众筹平台应当在设立后 5 个工作日内向证券业协会申请备案，并报送下列文件：

（一）股权众筹平台备案申请表；

（二）营业执照复印件；

（三）最近一期经审计的财务报告或验资报告；

（四）互联网平台的 ICP 备案证明复印件；

（五）股权众筹平台的组织架构、人员配置及专业人员资质证明；

（六）股权众筹平台的业务管理制度；

（七）股权众筹平台关于投资者保护、资金监督、信息安全、防范欺诈和利益冲突、风险管理及投资者纠纷处理等内部控制制度；

（八）证券业协会要求的其他材料。

2015 年 8 月 7 日，证监会下发《关于对通过互联网开展股权融资活动的机构进行专项检查的通知》。《通知》指出，股权众筹融资主要是指通过互联网形式进行公开小额股权融资的活动，具体而言，是指创新创业者或小微企业通过股权众筹融资中介机构互联网平台（互联网网站或其他类似的电子媒介）公开募集股本的活动。由于其具有"公开、小额、大众"的特征，涉及社会公众利益和国家金融安全，必须依法监管。未经国务院证券监督管理机构批准，任何单位和个人不得开展股权众筹融资活动。

目前，一些市场机构开展的冠以"股权众筹"名义的活动，是通过互联网形式进行的非公开股权融资或私募股权投资基金募集行为，不属于《指导意见》规定的股权众筹融资范围。根据《公司法》、《证券法》等有关规定，未经国务院证券监督管理机构批准，任何单位和个人都不得向不特定对象发行证券，向特定对象发行证券累计不得超过 200 人，非公开发行证券不得采用广告、公开劝诱和变相公开方式。中国证监会正在研究制定通过互联网进行非公开股权融资的监管规定。

2015 年 8 月 10 日，中国证券业协会发布关于调整《场外证券业务备案管理办法》个别条款的通知指出，根据中国证监会《关于对通过互联网开展股权融资活动的机构进行专项检查的通知》（简称《通知》）精神，现将《场外证券业务备案管理办法》（简称《管理办法》）第二条第（十）项"私募股权众筹"修改为"互联网非公开股权融资"。这就意味着一些市场机构开展冠以"股权众筹"名义活动，是通过互联网形式进行的非公开股权融资或私募股权投资基金募集行为，不属于股权众筹融资范围。

2015 年 9 月 16 日，李克强总理主持召开国务院常务会议，会议认为，推动大众创业、万众创新，需要打造支撑平台。要利用"互联网+"，积极发展众创、众包、众扶、众筹等新模式，促进生产与需求对接、传统产业与新兴产业融合，有效集聚资源，推进分享经济成长，助推"中国制造 2025"，形成创新驱动发展新格局。

一是以众智促创新。大力发展众创空间和网络众创平台，提供开放共享服务，集聚各类创新资源，吸引更多人参与创新创造，拓展就业新空间。

二是以众包促变革。把深化国有企业改革和推动"双创"相结合，鼓励用众包等模式促进生产方式变革，聚合员工智慧和社会创意，开展设计研发、生产制造和运营维护，形成新产品新技术开发的不竭动力。

三是以众扶促创业。通过政府和公益机构支持、企业帮扶援助、个人互助互扶等多种方式，共助小微企业和创业者成长。

四是以众筹促融资。发展实物、股权众筹和网络借贷，有效拓宽金融体系服务创业创新的新渠道新功能。

2015 年 9 月 26 日，国务院下发《关于加快构建大众创业万众创新支撑平台的指导意见》,《意见》指出,稳健发展众筹,拓展创业创新融资,积极开展实物众筹,稳步推进股权众筹,规范发展网络借贷。

2015 年 10 月 24 日,中国人民银行金融研究所所长姚余栋提出将股权众筹打造成中国资本市场的"新五板",以股权质押式的优先收益权众筹的设想。

姚余栋表示,实体经济非常需要股权众筹。但目前尚不能证明该模式已经成熟或者完全成功。在股权众筹方面,中国人民银行金融研究所创新性地提出了"五四三二一"的方案。

"五"是将股权众筹打造成中国资本市场的新五板。在姚余栋看来,目前主板服务于大型、中型企业;中小板和创业板服务于创新型企业;新三板服务于各类高科技企业,即成为未来中国的纳斯达克;四板市场即区域性的产权交易市场;新五板就是股权众筹平台。

"四"是根据投资者风险偏好、风险承受能力和资金实力,对投资者进行划分,按照公募、小公募、私募和小私募进行划分。姚余栋表示,股权众筹非常复杂,普通股给予投资者的权利很多,所以投资者应该循序渐进,在实践中发现合适的底线,防止欲速而不达。

"三"是根据平台可以分成不同的层次,以降低投入者的成本和入市的门槛。

"二"是坚持两个底线,不设资金池,不提供担保,包括隐性担保。

"一"是一条红线,在现有法律未修订的情形下,不能越过公司法和证券法规定的股东人数 200 人的法律红线。姚余栋呼吁,希望早日修改公司法和证券法,将股东人数扩大到至少 500 人甚至 1000 人。但法律没有改之前,一定要坚守这条红线,不能突破。

此外,在充分与专家讨论的基础上,姚余栋提出,以股权质押式的优先收益权众筹。股权众筹可能给投资者带来的权利是很多的,但是创业者能不能把股权质押给比如新五板或交易所,在这个平台上发出优先收益权。这样可能使风险更加平衡,而减少平台对项目的自身判断。同时,也使企业与投资者分红更具有可信性。姚余栋希望股权众筹不仅包括普通股,还希望引入优先股,以及引入股权质押式的优先收益权众筹。

"只要坚持十部委出台的《关于互联网金融发展健康指导意见》，坚守底线，不碰红线，勇于创新，那么中国的互联网金融包括股权众筹、实物众筹等模式，必将在不久的将来，引领世界。"姚余栋表示。

2015年12月23日，李克强总理主持召开国务院常务会议，确定进一步显著提高直接融资比重措施，提升金融服务实体经济效率。

2016年3月5日，李克强总理在《政府工作报告》中提出，打造众创、众包、众扶、众筹平台，构建大中小企业、高校、科研机构、创客多方协同的新型创业创新机制。

2016年6月27日，李克强总理在2016夏季达沃斯论坛指出，进一步推进"互联网+"行动，广泛运用物联网、大数据、云计算等新一代信息技术，促进不同领域融合发展，催生更多的新产业、新业态、新模式，推出更加符合市场需要的新产品和新服务，打造众创、众包、众扶、众筹的平台，汇聚各方面力量加速创新的进程，培育新的经济增长点。

附录 B 众筹项目规范性协议参考文本

注：本附录收集了众筹，尤其是股权众筹项目，所需的部分协议文本，读者应根据项目具体情况予以参照，不作为具体众筹项目、众筹平台的标准范本。

B.1 投资入股意向书

甲方：

乙方：

甲、乙双方经友好协商，根据中华人民共和国法律、法规的规定，双方本着互惠互利的原则，就乙方投资入股甲方有关事宜，经协商一致，达成如下条款。

一、乙方已充分了解甲方公司情况、背景及经营模式，并认同其市场前景，拟投入资金到甲方公司，共享发展空间和市场红利。

二、乙方决定投资人民币_____万元，（大写：人民币_____万元），作为投资资金，入资后乙方将拥有相应的分红权和投票权，以及约定的其他股东权利。

三、本意向书仅限于乙方本人享有，不得转让。

四、本意向书经甲、乙双方签字、盖章之日起生效，乙方付款入资后，甲方统一安排协议书和出资证明书的签订，出资证明生效时，本意向书同时失效。

五、双方约定的付款期限为_____，超过期限后，本意向书立即失效。

甲方：   乙方：

电话：   电话：

微信：   微信：

日期：   日期：

B.2 股权代持协议

编号：

本股权代持协议（"本协议"）由以下双方于　　年　月　日在中华人民共和国（"中国"）_____市签署。

甲方（委托方）：

身份证号码：

通信地址：

手机号码：

电子邮箱：

乙方（受托方）：

身份证号码：

通信地址：

手机号码：

电子邮箱：

鉴于，_____有限公司（"目标公司"）已根据中国法律合法设立，甲方有意投资目标公司，拟将其实际出资提供给乙方，由乙方代甲方将甲方实际出资作为目标公司注册资本予以缴付，并以乙方名义持有甲方出资对应的目标公司股权。

有鉴于此，甲、乙双方本着平等自愿的原则，经友好协商，根据中国法律法规的相关规定，就甲方出资、代持股权及相关权利义务等事宜达成一致意见，签署本协议。

1. 出资与股权代持

1.1.甲方了解并同意，目标公司的实际经营业绩可能受各种宏微观政策、市场等因素影响。

1.2.甲方作为实际出资人，有权享有代持股权（定义见 1.3 条）对应的投资收益（包括但不限于现金股息、红利或任何其他收益分配等），并承担代持股权对应的损失、风险和责任。

1.3.甲方出资金额为人民币（大写）＿＿＿＿＿＿＿＿元（"甲方出资"），占目标公司＿＿＿＿＿＿＿＿%股权（"代持股权"）。

1.4.甲方作为甲方出资的提供方，自愿委托乙方代为持有代持股权，由乙方作为工商登记股东代表甲方行使相关股东权利。

1.5.乙方作为目标公司工商登记股东，代表甲方持有代持股权并行使相关股东权利：甲方授权乙方在目标公司的股东登记名册上具名；甲方授权乙方以目标公司股东身份参与公司相应活动（甲方要求参加的除外）。

2. 甲方权利与义务

2.1.甲方作为代持股权的实际出资人，享有代持股权项下的重大事项知情权（包括但不限于召开股东会等）及投资收益权（包括但不限于现金股息、红利或任何其他收益分配等)，并享有代持股权对应的预投票权(详见第 4 条）。

2.2.在乙方代表甲方就代持股权在目标公司股东会上行使表决权前，甲方有权亲自参加股东会或书面（含电子邮件方式，下同）指示乙方按第 4 条所列明的股东会决议规则（"决议规则"）参与预投票。

2.3.乙方按照甲方意愿行使股东权利的各项行为所产生的经济盈亏与法律责任，均由甲方承担。代持股权产生的投资收益（如有）相关的税费，应由甲方承担。

2.4.甲方同意并确认，乙方若因代为持有代持股权而产生或承担的税费、费用、损失、法律责任，甲方都将予以补偿，确保乙方不会受到该等损失和/或损害；但由于乙方故意或过失违反有关约定或法律规定而导致的损失和/或责任甲方将不予承担。

2.5.甲方确认本协议首页记载的甲方联系方式正确无误，并同意以电子邮箱为首要联系方式接收目标公司提供给股东的所有内部通信（包括但不限于股东会通知）。若甲方提供的联系方式有误，则甲方自愿放弃接收股东通信和参加股东会的权利。

3. 乙方权利与义务

3.1.在本协议签署之日起 5 个工作日内，甲方未能将甲方出资转入目标公司指定账户的，乙方有权单方终止本协议。

3.2.经甲方书面同意，乙方可以将其在本协议项下的所有权利义务转让给目标公司的其他工商登记股东。

3.3.目标公司收到甲方出资后，应向甲方出具收据或出资证明书，并应依照目标公司的统一安排和指示，将甲方出资金额存入目标公司在银行开设的账户，不得挪作他用。甲方出资缴付后，乙方应促使目标公司将甲方登记为目标公司内部留存的股东名册之出资股东。

3.4.未经甲方事先书面同意，乙方不得擅自转委托第三方持有代持股权或行使相关权利，不得对代持股权及其所有收益进行转让、处分或设置任何形式的担保。

3.5.乙方应当按照第 4 条所列明的决议规则，代表甲方在目标公司股东会上，就代持股权进行预投票及正式表决。

3.6.乙方受甲方之委托代持股权期间，不向甲方收取任何报酬。

4．股东会决议规则

乙方作为目标公司工商登记股东，特此同意应促使目标公司工商登记股东会（"股东会"）做出决议确认并执行本条所约定之决议规则，代持股权的代持方及被代持方有权依照决议规则进行预投票及正式表决。甲方特此确认，同意并认可以下决议规则，并应予以遵守。

4.1.股东会召开十五日前必须通知全体股东及被代持方。

4.2.根据目标公司章程，凡是需要代表三分之二以上表决权的股东通过的事项，若预投票结果获得代表三分之二以上表决权的被代持方和工商登记股东（代表其自己的股权比例）通过，则所有工商登记股东在正式表决时必须投赞成票；若预投票结果未获代表三分之二以上表决权的被代持方和工商登记股东（代表其自己的股权比例）通过，则所有工商登记股东在正式表决时必须投反对票。

4.3.根据目标公司章程，凡是需要代表过半数表决权的股东通过的事项，若预投票结果获得代表过半数表决权的被代持方和工商登记股东（代表其自己的股权比例）通过，则所有工商登记股东在正式表决时必须投赞成票；若预投票结果未获代表过半数表决权的被代持方和工商登记股东（代表其自己的股权比例）通过，则所有工商登记股东在正式表决时必须投反对票。

4.4.股东会应当将所议事项的决定作成会议记录，并将预投票结果作为附件。出席会议的股东应当在会议记录上签名。出席会议的股东和被代持方应当在预投票结果上签名。

5．保密责任

甲乙双方应当就有关本协议及出资确认函的内容，以及因此而交换的任何口头或书面资料均予以保密，在未得到对方书面同意前，不得向任何第三方（目标公司成员及其指定人员除外）披露任何有关资料，但下列情况除外：

（a）公众人士知悉或将会知悉该等资料（而并非由接受资料之一方擅自向公众披露）；（b）适用法律法规或股票交易的规则或条例所需披露之资料；（c）由任何一方就本协议或合作协议所述交易，而需向其法律、财务顾问、其他中介或银行披露之资料，而该法律、财务顾问、其他中介或银行亦需遵守与本条款相类似之保密责任。无论本协议以任何理由终止，本条款仍然生效。

6. 违约责任

任何一方违反本协议的约定，使得本协议的全部或部分不能履行，均应承担违约责任，并赔偿对方因此遭受的损失（包括由此产生的诉讼费和律师费）；如双方违约，根据实际情况各自承担相应的责任。

7. 争议的解决

凡因本协议或与本协议有关的争议、争执或索偿、违约终止或协议无效等均应通过仲裁解决。如果在一方向另一方发出要求协商解决的书面通知后30天之内争议仍然得不到解决，则任何一方均可将有关争议提交给＿＿＿＿仲裁委员会，由该仲裁委员会按照其届时有效的仲裁规则仲裁解决。仲裁地点在＿＿＿＿，使用之语言为中文。仲裁裁决是终局性的，对双方均具有约束力。

8. 其他事项

本协议自甲、乙双方于文首所载之日签署生效。

本协议一式三份，甲、乙双方各持一份，目标公司留存一份，均具有同等法律效力。

甲方【签字】：

乙方【签字】：

B.3 股东出资证明书

尊敬的_____：

您已足额缴纳出资_____元人民币，并与公司指定自然人股东_____（身份证号码：_____）签订了编号为_____《股权代持协议》。从本协议签订之日起，您即享有与获赠股权相对应的股东权利和义务，您承诺将按照《股权代持协议》行使该等股东权利并履行该等股东义务。

特此证明

_____有限公司

年　　月　　日

B.4 实体店众筹协议

本众筹协议由甲乙双方于_____年_____月_____日在_____市签署。

甲方：_____有限公司

营业执照注册号：

地址：

电话：

乙方：_____

地址：

电话：

鉴于

1. 甲方在实体店运营管理和资源整合方面的能力和优势，现通过众筹融资模式与乙方进行合作。

2. 经过多方面考虑，乙方愿意加入甲方本次众筹项目，以便以后进行长时间合作。

现甲乙双方经友好协商，达成以下协议并共同遵守。

第 1 条 众筹费用

在本众筹协议下，众筹资金首先存于甲方的对公账户上，之后转入_____专属账户进行管理（开业前不会调用众筹资金）。

第 2 条　乙方享有的权利以及义务

权利：（1）____折会员金卡。

（2）生日包场（需提前一周与管理员或店长商议）。

（3）享有年底净利润百分比给予分红（百分比按乙方投入金额占注册资金比例而定）。

（4）每月财务报表的查阅权利。

（5）实体店建议权和会议投票权利。

义务：（1）每月无偿做一天义工（或轮值店长）。

（2）关于实体店的活动，积极进行宣传以及参与。

第 3 条

本次众筹总金额为____万元人民币，注册资金为____万元人民币，众筹总金额占注册资金的____%，乙方占注册资金的____%，甲方将严格按照协议给予分红，有异议可以与财务部确认。

第 4 条　众筹有效期和注意事项

有效期始于本店开始营业的当天，止于乙方放弃股份之日，请乙方注意：您所投的股份不能转让，也能代名处理所享权利及所做义务，若乙方未完成义务每次扣除 5%的股份。

第 5 条　违约

甲方延迟或拒绝按照约定条件将分红款汇至乙方指定的第三方支付平台的，或汇款后又抽回出资的，或怠于履行连锁店的选址、策划等义务，或有其他损害声誉的行为的，视为甲方违约，则甲方除需支付第三方支付平台托管分红额外，还需向乙方支付众筹总额的 5%的违约金。

甲方承诺，为维持公信力，设立众筹项目后，每月的月度营业报表、分红详情于下个月的第五个工作日做出，并接受每个股东的随时查阅。若出现大幅度纰漏，视为甲方违约，则甲方需向乙方支付众筹总额的10%的违约金。

第6条　声明与承诺

甲方承诺

（1）在有效期内遵守本协议的约定，维护实体店的公信力，实体店所申报项目的所有信息真实、及时、有效，不存在虚假陈述、重大遗漏及误导性陈述，并且项目信息不存在侵犯他方知识产权或其他权利的情形。

（2）向乙方提供的，为完成本项众筹所需要的，涉及经营和财务的重要信息和数据是真实、准确、完整的。

乙方承诺

（1）在委托有效期内，勤勉、尽责地履行职责，真诚合作。

（2）对于甲方明确的保密内容，没有甲方的许可，不允许向任何第三方公开。若将其公开，按程度扣除至少30%的起始众筹资金。

（3）生效期开始后一年内退股扣除30%的投入金额，入股后一年若要退股，将扣除50%的投入金额。

第7条　文本及生效

本协议是双方真实意思的表现，将取代在此之前达成的任何书面或口头的协议。除非在本协议生效后双方以书面的形式签订补充协议，否则本协议所载条款不能更改。本协议未尽事宜，由双方本着诚信原则友好协商并以签订补充协议的方式处理。

本协议经双方签字盖章后生效，一式两份，双方各执壹份，具有同等法律效力。

第 8 条　其他

本协议适用中华人民共和国有关法律。凡因本协议所发生的或与之相关的任何争议，双方应友好协商解决。如不能协商解决的，任何一方均可向乙方所在地的人民法院起诉。

（以下无正文，为本协议的签署页）

甲方（盖章或签字）：

法定代表人/授权代表人：

签约时间： 年 月 日

乙方（签字）：

签约时间： 年 月 日

B.5 股权认购协议书

本协议由以下双方于_____年_____月_____日在_____签署。

甲方：   乙方：

身份证号：   发起人身份证号：

住址：   住址：

联系电话：   联系电话：

鉴于

1. 乙方是依法注册成立的企业法人，依法享有民事权利、承担民事责任。_____是乙方发起设立的投资项目，乙方对_____项目的前期创意、融资、运营公司的注册及后期运营管理全权负责。

2. 甲方已经详细了解与_____项目有关的信息和事宜，完全认同_____项目的价值理念、运营模式及利润分配机制。甲方愿意在本协议及其他相关协议、章程承诺的约束下，参与_____项目的投资。

经甲、乙双方友好协商，在自愿、平等、公正、诚实的原则基础上，就甲方参与认购_____项目达成股权协议如下。

第一条 认股及投资目的

甲、乙双方同意以充分发挥资源优势，促进项目发展，在长期的合作中以_____为目的。

第二条 _____项目投资额度

_____项目拟融资_____万元（人民币大写：_____万元整）。_____万元每股，_____股起投，最多不得认购_____股。

第三条 甲方认购金额

甲方以现金方式认购_____万元（人民币大写：_____万元整），占股_____。

第四条 甲方入资时间

甲方于_____年__月__日之前，将本协议第三条约定的认购资金一次性缴存于本协议第五条所列示的账户内。

第五条 入资账户

户名：

开户银行：

账号：

第六条 到账通知

甲方应在完成缴款后_____日内，向乙方出具电子汇款收据，乙方签字确认后，回传至甲方。

第七条 甲方承诺

1. 甲方在签订本协议时，已知悉认购股权的行为所带来的风险和损益。

2. 甲方用于认购股权的资金来源合法、正当。

3. 遵守乙方关于认购股权的条件和要求，积极配合乙方完成创意_____项目的投资及运营活动。

4. 若因甲方原因致使股权认购及设立登记手续无法完成的，后果由甲方自负。

第八条 乙方承诺

1．对于甲方缴付的股权认购资金，除作为注册资本缴存于拟设公司的账户外，不得随意动用。

2．在本次认购股权的资金全部到位后的 60 个工作日内召开股东会，修改公司章程，选举公司董事和监事，聘请公司高级管理人员及财务负责人，办理工商注册手续等。

3．由于乙方的原因致使股权认购及设立登记手续无法完成的，乙方应全额退还甲方的认购款，并按银行同期贷款利率支付甲方利息（自甲方付款之日起计算）。

4．公司成立_____年后，甲方有权将股权转让他人，同等条件下乙方有优先购买权。

5．第一个经营年度完成时，如有亏损，甲方有权要求乙方原价购买期初股权或由乙方补亏。

第九条 协议生效与变更

本协议自甲、乙双方签字、盖章后生效。

本协议未尽事宜，双方经协商一致可另行签订补充协议。补充协议与本协议具有同等法律效力。

第十条 争议解决

本协议履行如发生争议，双方应协商解决。协商不成，任意一方均可向有管辖权的人民法院提起诉讼。

第十一条 其他

本协议一式两份，甲乙双方各持一份，具有同等法律效力。

甲方（签字）： 乙方（盖章）：

年　月　日 年　月　日

附件：

1．甲方身份证复印件；

2．乙方营业执照复印件；

3．乙方项目详细计划书。

B.6 合伙协议

根据《中华人民共和国合伙企业法》（以下简称《合伙企业法》）的相关规定，_____公司作为普通合伙人于_____年____月____日与本协议附件一中所列的有限合伙人（以下称"有限合伙人"）签署本合伙协议（以下简称"本协议"），决定成立_____合伙企业（有限合伙）（以下简称"合伙企业"，作为_____旗下实体店。各方已充分知悉相关投资的风险与责任，并就相关事宜订立本协议如下。

第 1 条 总则

1．根据《民法通则》和《合伙企业法》及《中华人民共和国合伙企业登记管理办法》的有关规定，经各方协商一致订立本协议。

2．本企业为有限合伙企业，是根据协议自愿组成的共同经营体。合伙人愿意遵守国家有关的法律、法规、规章，依法纳税，守法经营。

3．本协议中的各项条款与法律、法规、规章不符的，以法律、法规、规章的规定为准。

4．本协议经全体合伙人签名、盖章后生效。合伙人按照合伙协议享有权利，履行义务。

第 2 条 合伙企业的名称和主要经营场所

1．名称：_____合伙企业（有限合伙）（以工商行政管理机关核准的名称为准）。

2．主要经营场所：_____。

第 3 条 合伙目的和合伙企业经营范围

1．合伙目的：本合伙企业设立的主要目的是投资设立和运营_____店的分店,并为合伙人谋求投资收益最大化。

2. 合伙企业经营范围:_____,以工商行政管理机关核准的经营范围为准。

第 4 条 合伙人姓名或名称及其住所

姓名或名称	住 所
_____公司 (普通合伙人)	
_____(有限合伙人)	
_____(有限合伙人)	
_____(有限合伙人)	
_____(有限合伙人)	

第 5 条 合伙人的出资方式、数额和缴付期限

合伙人 名称或姓名	出资方式 (货币/无形资产)	认缴出资 (单位:万元)	出资权 属证明	实缴出资 (单位:万元)	占出资 总额比例 (单位:%)

第 6 条 资金使用安排

项目方详细例明项目实施资金使用进度(单位:万元)。

项目阶段	项目实施事项	项目实施时间/周期	相应资金用量
方案设计启动	VI 品牌形象/SI 品牌营销设计		
	店面形象及装修设计		
选址或转让费	选址费用		
	转让店铺费用		
选址预付租金	预付店铺租借首付金		
	支付店铺阶段性租金		
人员储备开支	管理/技术人员储备开支		
	员工招聘、储备培训开支		
项目装修	装修预付款		
	装修工程款		
	装修饰品物料款		
设备采购	生产/经商设备		
	场地设备/器材		
开业筹备	物料采购		
	流动资金		
发展备用金	项目发展储备金		

普通合伙人主导的新合伙店项目计划所需资金_____万元人民币，并遵照以上资金计划安排使用，有资金使用计划在实施中出现偏差 20%以上时，需向其他有限合伙人提出申请重新修改资金使用安排。普通合伙人的财务支出需遵照融资资金使用安排说明表阶段性使用，为确保项目融资款的安全使用，融资款使用需遵照资金使用安排表分每日多笔阶段性用款（每笔打款金额为 5 万元人民币），普通合伙人的融资款的使用财务支出情况每周以 Excel 财务报表形式向委托融资平台_____汇报。

第 7 条 出资义务及资金使用约定

1. 本协议各方有义务将存放在第三方支付平台的出资款转入合伙企业账户，在合伙企业账户开立前，各方一致同意将出资款暂存至普通合伙人公司账户。

2. 各合伙人一致同意普通合伙人资金使用按照以上项目实施资金使用进度分批次提取款项目,并同意前述费用由执行事务合伙人在_____监督管理下使用。需支付给_____网站的融资费用和第三方支付平台托管费用等发生的费用由新成立的合伙企业承担,而不得在合伙人出资中列支。

3. 普通合伙人延迟或拒绝出资的,或抽回出资的,或怠于履行分店的选址、策划等义务的,或未经全体有限合伙人同意转让其出资份额或退伙的,视为违约。违约方需按照守约方实际出资额的银行同期存款利息的 5 倍向守约方支付违约金。此时,经全体有限合伙人一致同意,合伙企业可以进入清算程序,守约的有限合伙人有权优先分配剩余财产,收回全部出资。

4. 合伙企业设立前,普通合伙人违约的,有限合伙人可无条件抽回投资款,且不支付任何费用;在合伙企业设立后,普通合伙人违约的,有限合伙人可不再受限于本协议约定的转让出资份额或退伙的期限,但要符合相关法律法规的规定。

5. 有限合伙人延迟或拒绝出资的,或抽回出资的,或未符合本协议约定即转让其出资份额,或退伙的,视为违约。违约方需按照守约方实际出资额的银行同期存款利息的 5 倍向守约方支付违约金。

第 8 条 品牌授权与企业运营

1. 各方一致同意,普通合伙人即_____公司就其拥有注册商标、企业标志、专利、专有技术等无形资产经营资源许可给本合伙企业使用,本合伙企业按照_____公司统一的经营模式和统一的产品或者服务的质量、标准要求开展经营。_____公司仍保有就其授权给本合伙企业使用的注册商标、企业标志、专利、专有技术等无形资产的所有权利。

2. 各方一致同意,本合伙企业自行承担一切与分店运营相关的成本与费用(包括运营中_____总店给予的运营指导、培训,以及人员聘用、广告宣传等的一切成本与费用)。

3．普通合伙人确认，就其与有限合伙人共同投资成立合伙企业作为普通合伙人旗下_____分店的行为，其具备相关法律、法规要求的相关资质并已完成相关必要的登记、备案手续。就其授权给合伙企业使用的注册商标、企业标志、专利、专有技术等无形资产，其为该等无形资产的合法所有权人，并拥有完整的所有权利或已取得足够的授权/批准/同意。

4．如合伙企业需向被普通合伙人或其指定/批准的供货方采购相关产品、服务、设备的，普通合伙人应保证相关价格、付款条件的公允性，并尽可能优惠于市场价与一般条件，从而确保合伙企业利益不受损害。

5．普通合伙人在本合伙企业所属行政区域范围内不得自营，或者同他人合作经营与本有限合伙企业相竞争的业务。

第 9 条　财务披露及利润分配办法

1．合伙企业盈利后应当分红，各合伙人获得分红的前提为其实缴出资达到其认缴出资额。合伙企业提取净利润的_____%的企业发展基金，其余可分配净利润的_____%由全体有限合伙人分享，可分配净利润的_____%由普通合伙人分享。首次分红最迟在首次盈利的第 1 个月进行，其后每_____个月分红一次。分红之前需预留合伙企业运营所需资金，具体预留数额由执行事务合伙人确定，但分红最低原则上不得低于当期可分配利润的_____%。

2．合伙企业应当将每天的收入支出状况用手机短信、手机微信、电子邮件或其他易于合伙人接收的形式发送至每一位合伙人，该收入支出信息应当于下个工作日以前发送至合伙人。

3．合伙企业应当将每个月的月度营业报表、分红详情于下个月的第___个工作日前上传到_____网站或者第三方合作的财务软件。

第 10 条　亏损承担办法

1．普通合伙人对于第三方的责任。

普通合伙人明确同意并承诺，如果合伙企业的财产不足以支付或清偿其所有债务时，普通合伙人应当向除合伙企业及有限合伙人外的第三方承担无限连带责任。如合伙企业对第三方的债务是因有限合伙人的故意、重大过失引起的，则普通合伙人对第三方承担责任后可向该有限合伙人进行追偿。

2. 有限合伙人对于第三方的责任。

有限合伙人在合伙企业财产不足以支付或清偿合伙企业所欠债务时，仅以其认缴出资额为限向第三方承担偿债义务。有限合伙人在其认缴的出资额之外不具有向第三方偿还合伙企业债务的义务，但对于因有限合伙人的故意、重大过失而引发的责任除外。

3. 合伙企业存续期间，合伙人经全体合伙人决定，可以增加对合伙企业的出资，用于扩大经营规模或者弥补亏损。

第 11 条　合伙企业事务执行

1. 鉴于本合伙企业只有一名普通合伙人，故本协议中的全体合伙人在此一致决定，委托普通合伙人＿＿＿＿公司为本合伙企业的执行事务合伙人，对外代表本合伙企业，其他合伙人不再执行合伙企业事务。不执行合伙事务的合伙人有权监督执行事务合伙人，有权检查其执行合伙企业事务的情况。

2. 执行事务合伙人应依照约定向其他合伙人报告事务执行情况，以及合伙企业的经营状况和财务状况。因执行合伙企业事务而产生的收益归合伙企业，所产生的费用、亏损和民事责任，由合伙企业承担。

3. ＿＿＿＿公司作为执行事务合伙人，有权收取报酬，本协议中各合伙人在此约定，本合伙企业每年向执行事务合伙人支付＿＿＿＿万元人民币的管理报酬，按月提取。

4. 执行事务合伙人有权改变合伙企业的名称、合伙企业的经营范围、主要经营场所地点，有权聘任合伙人以外的人担任合伙企业的经营管理人员。前述事项无须经有限合伙人的同意。

第 12 条　入伙和退伙

1. 入伙。

（1）新合伙人入伙时，需经普通合伙人加三分之一以上的有限合伙人共同同意，并依法订立书面入伙协议。订立书面入伙协议时，普通合伙人应向新合伙人如实告知合伙企业的经营状况和财物状况。

（2）新入伙的合伙人与原合伙人享有同等权利，承担同等责任。新入伙的有限合伙人对入伙前有限合伙企业的债务，以其认缴的出资额为限承担责任。新入伙的普通合伙人对入伙前有限合伙企业的债务承担无限连带责任。

（3）已入伙的合伙人在普通合伙人其他地方以对外合伙方式开立新店时，享有优先认购投资权。

2. 退伙。

（1）有限合伙人入伙本企业＿＿＿＿个月内，不得转让其在合伙企业的财产份额或退伙，入伙满＿＿＿个月后可以转让其在合伙企业的财产份额或退伙。有限合伙人转让部分财产份额的，需不影响《合伙企业法》对合伙人数的限制；有限合伙人退伙的，需提前 30 日通知普通合伙人。

（2）本合伙协议退伙的方式可选择是转让其他合伙人或普通合伙人回购，在转让方式协商不能达成时由普通合伙人回购，回购方式及补偿金额需双方协商一致。

（3）有限合伙人在符合前款条件下，转让其在合伙企业的财产份额的，在同等条件下，其他合伙人享有优先购买权。如两个以上合伙人均欲购买的，由该等合伙人协商购买比例；若协商不成的，由该等合伙人按原实缴出资比例购买上述财产份额。

（4）普通合伙人退伙的，须经全体合伙人一致同意，但普通合伙人依法被吊销营业执照、责令关闭、撤销，或者被宣告破产，或在合伙企业中的全部财产份额被人民法院强制执行的,无须经全体合伙人一致同意即视为退伙,退伙事由实际发生之日为退伙生效日。普通合伙人退伙后,本合伙企业解散。

(5)有限合伙人退伙后,对基于其退伙原因发生的有限合伙企业债务,以其退伙时从有限合伙企业中取回的财产承担责任。普通合伙人退伙后,对基于其退伙原因发生的合伙企业债务,承担无限连带责任,其退伙时,合伙企业财产少于合伙企业债务的,该退伙人应当依照本协议约定的分红比例分担亏损。

第 13 条 解散和清算

1. 合伙企业有下列情形之一的,应当解散。

(1)合伙协议约定的解散事由出现。

(2)全体合伙人决定解散。

(3)合伙人已不具备法定人数满三十日。

(4)本协议约定的合伙目的已经实现或者无法实现。

(5)合伙企业依法被吊销营业执照、责令关闭或者被撤销。

(6)法律、行政法规规定的其他原因。

2. 合伙企业解散的,应当按《合伙企业法》的规定选定清算人并进行清算。

3. 清算人在清算期间执行下列事务。

(1)清理本企业财产,分别编制资产负债表和财产清单。

(2)处理与清算有关的本企业未了结事务。

(3)清缴所欠税款。

(4)清理债权、债务。

（5）处理本企业清偿债务后的剩余财产。

（6）代表本企业参加诉讼或者仲裁活动。

4．清算程序及相关事项。

（1）合伙企业解散、经营资格终止，不得从事经营活动，只可从事与清算活动相关的活动。

（2）企业解散后，由清算人对企业的财产债权债务进行清理和结算，处理所有尚未了结的事务，清算人自被确定之日起十日内将本企业解散事项通知债权人通知和公告债权人。

（3）清算结束后，清算人编制清算报告，经全体合伙人签字、盖章，在15日内向企业登记机关报送清算报告，办理合伙企业注销登记。

5．合伙企业经营不善或执行事务合伙人怠于履行经营义务，经三分之二以上有限合伙人表决同意，合伙企业可以解散，在前述情况下解散的，有限合伙人优先分配剩余财产。

第14条　保密义务

1．本协议任何一方应就本协议有效期内所接触的关于_____公司及合伙企业的商业秘密（包括但不限于专有和非专有技术、商业、财务、运营等信息）严格保密，不得将任何保密信息披露或传达给除本协议签约方以外的第三人。

2．本协议任何一方，在作为本合伙企业合伙人期间或转让其持有的本合伙企业财产份额或退伙的两年内，均不得从事以下活动。

（1）以自己的名义，或代表，或联合任何第三方，或以任何身份直接或间接参与、涉及或有意于从事与本合伙企业业务相同或类似的任何业务。

（2）以自己的名义，或代表，或联合任何第三方或以任何身份诱使，或寻求诱使，任何高级管理人员或任何雇员离开合伙企业。

3. 本协议各方应确保其实际控制的其他企业或实体,以及其各自的关系密切的家庭成员或亲属遵守前两款规定的限制。

第 15 条　违约责任

1. 除本协议另有规定或协议各方另有约定外,任何一方违反本协议,给本合伙企业或其他协议方造成损失,均应承担相应的赔偿责任。

2. 由于不可抗力的原因,使本协议无法继续履行,合伙企业设立失败的,任何一方均不负违约责任,各方已缴纳的出资全部退回。合伙企业设立过程中发生的费用,依法由合伙企业承担,如合伙企业设立失败,由各方按其认缴出资比例分摊。

第 16 条　争议解决

合伙人履行合伙协议发生争议的,合伙人可以通过协商或者调解解决。不愿通过协商、调解解决,或者协商、调解不成的,任何一方可将争议提交合伙企业所在地的仲裁委员会,按照该会当时有效的仲裁规则进行仲裁。

普通合伙人:

_____公司(盖章):

法定代表人/授权代表(签字):

签署日期:

有限合伙人:

签字/盖章：

签署日期：

附件一/1

有限合伙人为自然人请填写下表。

有限合伙人基本信息登记表（自然人）			
姓名		性别	
身份证号码		认缴资金额	
电子邮箱		常用移动电话	
传真		备用移动电话	
邮编		固定电话	
联系地址			
收款户名		收款账号	

备注：需提供本人身份证复印件。

附件一/2

有限合伙人为法人请填写下表。

有限合伙人/普通合伙人基本信息登记表			
名称		法定代表人	
注册号		认缴资金额	
注册地址			
固定电话		常用联系人	
邮编		常用移动电话	
传真		备用移动电话	
通信地址			
收款户名			

备注：提供营业执照、组织机构代码证、税务登记证、开户许可证等有效证照复印件。

附件二/1

资金使用安排

项目实施进度：详细列明项目实施计划和阶段资金安排（单位：万元）。

项目阶段	项目实施事项	项目实施时间/周期	相应资金用量
方案设计启动	VI品牌形象/SI品牌营销设计		
	店面形象及装修设计		
选址预付租金	预付店铺租借首付金		
	支付店铺阶段性租金		
人员储备开支	管理/技术人员储备开支		
	员工招聘、储备培训开支		
项目装修	装修预付款		
设备采购			
开业筹备			

_____通过_____建立_____第三方资金托管平台，分批拨付项目资金。

B.7 _____有限公司董事会决议

会议时间：_____

会议地点：_____

出席会议董事：_____

_____公司董事会第____次会议于____年____月____日在____召开。出席本次会议的董事____人，代表____%的股份，所作出决议经出席会议的股东所持表决权的半数以上通过。

根据《公司法》及本公司章程的有关规定，本次会议所议事项经公司董事会表决通过。

一、同意更换董事长……

二、同意修改章程……

三、同意变更住所……

（其他需要决议的事项请逐项列明）

董事签名：_____

____年____月____日

B.8 _____有限（责任）公司章程

第一章 总 则

第一条 依据《中华人民共和国公司法》（以下简称《公司法》）及有关法律、法规的规定，由_____等_____方共同出资，设立_____有限（责任）公司，（以下简称公司）特制定本章程。

第二条 本章程中的各项条款与法律、法规、规章不符的，以法律、法规、规章的规定为准。

第二章 公司名称和住所

第三条 公司名称：_____。

第四条 住所：_____。

第三章 公司经营范围

第五条 公司经营范围：_____（注：根据实际情况具体填写。最后应注明"以工商行政管理机关核定的经营范围为准"）。

第四章 公司注册资本及股东的姓名（名称）、出资额、出资时间、出资方式

第六条 公司注册资本：_____万元人民币。

第七条 股东的姓名（名称）、认缴的出资额、出资时间、出资方式如下。

股东姓名或名称	认缴情况		
	认缴出资额	出资时间	出资方式

续表

股东姓名或名称	认缴情况		
	认缴出资额	出资时间	出资方式
合计			

第五章　公司的机构及其产生办法、职权、议事规则

第八条　股东会由全体股东组成，是公司的权力机构，行使下列职权。

（一）决定公司的经营方针和投资计划。

（二）选举和更换非由职工代表担任的董事、监事，决定有关董事、监事的报酬事项。

（三）审议批准董事会（或执行董事）的报告。

（四）审议批准监事会（或监事）的报告。

（五）审议批准公司的年度财务预算方案、决算方案。

（六）审议批准公司的利润分配方案和弥补亏损的方案。

（七）对公司增加或者减少注册资本作出决议。

（八）对发行公司债券作出决议。

（九）对公司合并、分立、解散、清算或者变更公司形式作出决议。

（十）修改公司章程。

（十一）其他职权（注：由股东自行确定，如股东不作具体规定应将此条删除）。

第九条　股东会的首次会议由出资最多的股东召集和主持。

第十条　股东会会议由股东按照出资比例行使表决权（注：此条可由股东自行确定按照何种方式行使表决权）。

第十一条　股东会会议分为定期会议和临时会议。

召开股东会会议，应当于会议召开十五日以前通知全体股东（注：此条可由股东自行确定时间）。

定期会议按（注：由股东自行确定）＿＿＿＿＿＿＿＿定时召开。代表十分之一以上表决权的股东，三分之一以上的董事，监事会或者监事（不设监事会时）提议召开临时会议的，应当召开临时会议。

第十二条　股东会会议由董事会召集，董事长主持；董事长不能履行职务或者不履行职务的，由副董事长主持；副董事长不能履行职务或者不履行职务的，由半数以上董事共同推举一名董事主持。

（注：有限责任公司不设董事会的，股东会会议由执行董事召集和主持）。

董事长或者执行董事不能履行或者不履行召集股东会会议职责的，由监事会或者不设监事会的公司的监事召集和主持；监事会或者监事不召集和主持的，代表十分之一以上表决权的股东可以自行召集和主持。

第十三条　股东会会议作出修改公司章程、增加或者减少注册资本的决议，以及公司合并、分立、解散或者变更公司形式的决议，必须经代表三分之二以上表决权的股东通过（注：股东会的其他议事方式和表决程序可由股东自行确定）。

第十四条　公司设董事会，成员为＿＿＿＿＿＿人，由＿＿＿＿＿＿＿＿产生。董事任期＿＿＿＿＿＿年（注：每届不得超过三年），任期届满，可连选连任。

董事会设董事长一人，副董事长＿＿＿＿＿＿人，由＿＿＿＿＿＿＿＿ 产生（注：股东自行确定董事长、副董事长的产生方式）。

（注：有限公司不设董事会的，此条应改为：公司不设董事会，设执行董事一人，由股东会选举产生。执行董事任期___年，任期届满，可连选连任）。

第十五条　董事会行使下列职权。

（一）负责召集股东会，并向股东会议报告工作。

（二）执行股东会的决议。

（三）审定公司的经营计划和投资方案。

（四）制定公司的年度财务预算方案和决算方案。

（五）制定公司的利润分配方案和弥补亏损方案。

（六）制定公司增加或者减少注册资本及发行公司债券的方案。

（七）制定公司合并、分立、变更公司形式、解散的方案。

（八）决定公司内部管理机构的设置。

（九）决定聘任或者解聘公司经理及其报酬事项，并根据经理的提名决定聘任或者解聘公司副经理、财务负责人及其报酬事项。

（十）制定公司的基本管理制度。

（十一）其他职权（注：由股东自行确定，如股东不作具体规定应将此条删除）。

（注：股东人数较少或者规模较小的有限责任公司，可以设一名执行董事，不设董事会。执行董事的职权由股东自行确定）。

第十六条　董事会会议由董事长召集和主持；董事长不能履行职务或者不履行职务的，由副董事长召集和主持；副董事长不能履行职务或者不履行职务的，由半数以上董事共同推举一名董事召集和主持。

第十七条　董事会决议的表决，实行一人一票。

董事会的议事方式和表决程序（注：由股东自行确定）。

第十八条　公司设经理，由董事会决定聘任或者解聘。经理对董事会负责，行使下列职权。

（一）主持公司的生产经营管理工作，组织实施董事会决议。

（二）组织实施公司年度经营计划和投资方案。

（三）拟订公司内部管理机构设置方案。

（四）拟订公司的基本管理制度。

（五）制定公司的具体规章。

（六）提请聘任或者解聘公司副经理、财务负责人。

（七）决定聘任或者解聘除应由董事会决定聘任或者解聘以外的负责管理人员。

（八）董事会授予的其他职权。

（注：以上内容也可由股东自行确定）。

（九）经理列席董事会会议。

第十九条　公司设监事会，成员＿＿＿＿人，监事会设主席一人，由全体监事过半数选举产生。监事会中股东代表监事与职工代表监事的比例为＿＿＿：＿＿＿（注：由股东自行确定，但其中职工代表的比例不得低于三分之一）。

监事的任期每届为三年，任期届满，可连选连任。

（注：股东人数较少，规格较小的公司可以设一至二名监事，此条应改为：公司不设监事会，设监事＿＿＿人，由股东会选举产生。监事的任期每届为三年，任期届满，可连选连任）。

第二十条　监事会或者监事行使下列职权。

（一）检查公司财务。

（二）对董事、高级管理人员执行公司职务的行为进行监督，对违反法律、行政法规、公司章程或者股东会决议的董事、高级管理人员提出罢免的建议。

（三）当董事、高级管理人员的行为损害公司的利益时，要求董事、高级管理人员予以纠正。

（四）提议召开临时股东会会议，在董事会不履行本法规定的召集和主持股东会会议职责时召集和主持股东会会议。

（五）向股东会会议提出提案。

（六）依照《公司法》第一百五十二条的规定，对董事、高级管理人员提起诉讼。

（七）其他职权（注：由股东自行确定，如股东不作具体规定应将此条删除）。

（八）监事可以列席董事会会议。

第二十一条　监事会每年度至少召开一次会议，监事可以提议召开临时监事会会议。

第二十二条　监事会决议应当经半数以上监事通过。

第二十三条　监事会的议事方式和表决程序（注：由股东自行确定）。

第六章　公司的法定代表人

第二十三条　董事长为公司的法定代表人（注：也可是执行董事或经理，由股东自行确定）。

第七章 股东会会议认为需要规定的其他事项

第二十四条 股东之间可以相互转让其部分或全部出资。

第二十五条 股东向股东以外的人转让股权，应当经其他股东过半数同意。股东应就其股权转让事项书面通知其他股东征求同意，其他股东自接到书面通知之日起满三十日未答复的，视为同意转让。其他股东半数以上不同意转让的，不同意的股东应当购买该转让的股权；不购买的，视为同意转让。

经股东同意转让的股权，在同等条件下，其他股东有优先购买权。两个以上股东主张行使优先购买权的，协商确定各自的购买比例；协商不成的，按照转让时各自的出资比例行使优先购买权。

（注：以上内容亦可由股东另行确定股权转让办法）。

第二十六条 公司的营业期限_____年，自公司营业执照签发之日起计算。

第二十七条 有下列情形之一的，公司清算组应当自公司清算结束之日起三十日内向原公司登记机关申请注销登记。

（一）公司被依法宣告破产。

（二）公司章程规定的营业期限届满，或者公司章程规定的其他解散事由出现，但公司通过修改公司章程而存续的除外。

（三）股东会决议解散，或者一人有限责任公司的股东决议解散。

（四）依法被吊销营业执照、责令关闭或者被撤销。

（五）人民法院依法予以解散。

（六）法律、行政法规规定的其他解散情形。

（注：本章节内容除上述条款外，股东可根据《公司法》的有关规定，将认为需要记载的其他内容一并列明）。

第八章　附则

第二十八条　公司登记事项以公司登记机关核定的为准。

第二十九条　本章程一式_____份，并报公司登记机关一份。

全体股东亲笔签字、盖公章：

　　　　　　　　　　　　　　　　　　____年____月____日

B.9 ＿＿＿＿＿＿＿有限公司股东会决议

（修改公司章程）

根据《中华人民共和国公司法》及本公司章程的有关规定，＿＿＿＿＿＿公司＿＿＿年年度股东会定期（或临时）会议第＿＿＿次会议于＿＿＿年＿＿＿月＿＿＿日在＿＿＿＿＿＿＿召开。

本次股东会于会议召开＿＿＿日以前以书面方式通知全体股东。本次会议应到会股东＿＿＿人，实际到会股东＿＿＿人，占＿＿＿%股权和＿＿＿%表决权。

会议由执行董事＿＿＿＿召集并主持，会议决定对公司章程的部分内容作出修改，具体条款如下。

1．章程第×章第×条原为"××××"，现修改为"××××"。

2．章程第×章第×条原为"××××"，现修改为"××××"。

3．章程第×章第×条原为"××××"，现修改为"××××"。

4．章程第×章第×条原为"××××"，现修改为"××××"。

5．全体股东一致同意委托××到公司登记机关办理变更手续。

……

以上事项表决结果：同意，占＿＿＿%股权和＿＿＿%表决权。

不同意，占＿＿＿%股权和＿＿＿%表决权。

弃权，占＿＿＿%股权和＿＿＿%表决权。

股东签字：

＿＿＿＿＿＿＿公司

年　月　日

B.10　出资证明书

（一）公司名称：_____公司。

　　　公司成立日期：_____年_____月_____日。

（二）公司注册资本：_____万元人民币。

（三）增加资本：_____万元人民币，增加日期：_____年_____月_____日。

（四）1．出资金额：_____万元人民币。

　　　2．出资时间：_____年_____月_____日。

　　　3．股东姓名_____，持股比例：_____%。

（五）出资证明书的编号和核发日期。

　　　出资证明书的编号：_____年_____月_____日。

　　　出资证明书核发日期：_____年_____月_____日。

特此证明！

_____公司

年　　月　　日

B.11　股东名册

公司名称：_____公司。

公司成立日期：____年____月____日。

公司注册资本：_____万元人民币。

增加资本：_____万元人民币。

增加日期：_____。

股东名册：

姓　　名：____，身份证号：____，持股比例：____%。

姓　　名：____，身份证号：____，持股比例：____%。

姓　　名：____，身份证号：____，持股比例：____%。

姓　　名：____，身份证号：____，持股比例：____%。

_____公司

____年____月____日

B.12 _____有限公司

监事任职书

经股东会选举决定，选举_____为___公司监事，任期三年。

全体股东：

_____公司

____年____月____日

B.13 同意股权转让说明书

_____（性别：____，民族：____，____年____月____出生，身份证号：_____），_____公司董事长，持有公司____的股份。

_____自愿将自己持有的_____公司的部分股权转让给_____、_____，具体比例及权利义务以_____年____月____日签订的《股东协议》为准，各方没有任何异议。

特此说明。

说明人：

_____年____月____日

_____公司

B.14　执行董事、总经理任职书

经_____公司股东会选举决定，选举____为_____执行董事，任期三年。

_____兼任本公司总经理，任期三年。

全体股东：

_____公司

____年____月____日

B.15 _____公司监事会决议

会议时间：

会议地点：

出席会议监事：

_____公司监事会第____次会议于____年____月___日在____召开。出席本次会议的监事共__人，符合《公司法》及本公司章程的有关规定。 经出席会议的监事讨论，表决通过以下事项。

同意选举_____为公司监事，任期___年。

本监事会决议经出席会议的监事签字后生效。

全体监事签名：

_____年____月____日

B.16　合伙人（股东）承诺函

全体股东/创始人承诺，自其在本协议下方"☐我同意"处划"√"之日起：

1．（如尚未设立项目公司）我们将于《委托众筹融资协议》生效后三个月内完成创业融资项目公司（或其他法律主体）的设立和注册登记；项目公司设立后，《委托众筹融资协议》自动由项目公司承继，由项目公司享有该协议中约定的权利，承担协议中约定的义务。

2．我们承诺自身并敦促和促使创业融资项目公司切实依据《委托众筹融资协议》的约定行使权利、履行义务、规范退出、合理解决争端；如有违反该协议的情形，由全体股东/创始人承担连带责任。

3．我们承诺并保证，如_____平台或其指定方通过跟投项目公司的方式给项目公司以资金支持，我们及项目公司将优先选择_____平台或其指定方作为投资者。

B.17　委托平台众筹融资协议

甲方（即委托方）：

法定代表人或授权代表：

职务：

住所地：

电话：

乙方（即受托方）：

法定代表人或授权代表：

职务：

住所地：

电话：

根据《中华人民共和国公司法》及相关法律法规之规定，秉承"平等自愿、诚实守信、互惠互利、协商一致"的原则，就甲方委托乙方线上众筹融资事宜，达成如下协议，双方承诺共同遵守。

第一条　委托事项

甲方委托乙方将其需要融资的项目在乙方平台（www._____.com）展示，同时设定需要融资的目标金额及达成目标的时限等。

需要融资的目标金额：_____。

达成目标的时限：＿＿＿＿＿＿＿＿＿＿＿＿＿＿＿。

第二条 众筹完成

在设定的目标时限内，如果达到或超过预期融资金额的，属线上众筹融资成功。投资人的投资款在设定的目标时限内，转入与甲方有合作关系的第三方支付机构进行资金托管，如果融资失败，则由第三方支付机构将投资款返还甲方。

如果融资成功，乙方安排下线签约，具体细节，由甲乙双方另行商定。

第三条 服务费用

如果线上众筹融资成功的，乙方按照实际融资金额的＿＿＿＿＿＿＿收取服务费。该服务费甲方一致同意由乙方直接从第三方支付机构扣除。

如果线上众筹融资失败的，甲方承诺不收取服务费。

第四条 甲方的禁止

在甲方设定的众筹融资时限内，甲方不得再自行或者委托他人从事本协议约定的众筹融资事宜。否则，甲方自行或者委托他人取得的融资，自动视为乙方完成的融资额度，甲方应按本协议第三条约定的比例支付服务费，否则，视为甲方违约，乙方应向甲方支付服务费、律师费、诉讼费等费用。

第五条 甲方的信息披露义务

甲方披露线上众筹融资项目概况、团队成员、风险提示等资料及资讯，应当真实、准确、完整、有效，保障投资人充分了解线上众筹融资项目的客观情况及潜在风险，决定双方对该项目投资。

第六条 协议的解除

发生下列情形之一，甲方或乙方可以通过书面形式通知对方解除本协议。

1. 甲乙双方通过书面协议解除本协议。

2. 因不可抗力致使协议目的不能实现的。

3. 国家及相关部门政策法规调整,致使本协议无法履行或继续履行可能违法。

4. 在委托期限届满之前,当事人一方明确表示或以自己的行为表明不履行协议主要义务的。

5. 当事人一方迟延履行协议主要义务,经催告后在合理期限内仍未履行。

6. 当事人有其他违约或违法行为致使协议目的不能实现的。

第七条 违约责任

本协议的任何一方违反本协议的约定给对方造成损失的,都应当赔偿另一方因此而遭受的损失,并支付本协议服务费总额的_____作为违约金。

第八条 保密义务

甲乙双方保证对在线上众筹融资过程中所获悉的属于对方的且无法自公开渠道获得的文件及资料予以保密。未经该资料和文件的原提供方同意,另一方不得向任何第三方泄露该商业秘密的全部或部分内容。但法律、法规另有规定或双方另有约定的除外。

第九条 责任免除

乙方的服务仅限于推荐潜在的投资人促成融资,并非对投资人和甲方的资信状况和履约能力的承诺或担保。

第十条 不可抗力

本协议所称不可抗力是指受影响一方不能合理控制的,无法预料或即使可预料到也不可避免且无法克服,并于本协议签订日之后出现的,使该方对本协议全部或部分的履行在客观上成为不可能或不实际的任何事件。

第十一条　争议解决

本协议在履行过程中发生的争议，由甲乙双方协商解决；协商不成的，任何一方有权向_____仲裁委员会申请仲裁，该仲裁的裁决对甲方双方均具有约束力。

第十二条　未尽事宜的处理

在本协议的履行过程中，如果需要对本协议的部分条款进行修改或补充，应取得双方的一致认可，单方对本协议的部分条款进行修改或补充无效。

第十三条　其他

本协议一式二份，甲乙双方各执一份，具有同等的法律效力。

本协议自甲乙双方签章之日起生效。

甲方（委托人）：　　　　　　　乙方（受托人）：

法定代表人或授权代表：　　　　法定代表人或授权代表：

时间：　　　　　　　　　　　　时间：

B.18 投资风险告知函

尊敬的投资者：

为了您更好地了解_____平台（以下简称"平台"）的投资风险，根据《中华人民共和国公司法》、《_____平台使用协议》等有关规定，_____平台将投资风险郑重向您告知，请认真阅读。

一、重要提示

1. _____平台交易规则与上海、深圳证券交易所的业务规则、各地非上市公司股权交易所，以及股份报价转让业务规则存在很大差别，在参与平台业务之前，请您务必认真阅读《_____平台使用协议》。

2. _____平台业务尚处于起步阶段，相关制度规则还需要不断完善，投资者需要密切关注相关制度规则的调整并加以遵守。

3. 作为一家专注于众筹项目投融资的平台，_____平台中的挂牌公司并非经国务院证券监督管理机构核准公开发行股票的公司，而是具备成长潜力和良好信用的非公众公司。这些公司处于初创期或成长初期，受宏观政策、行业形势等影响较大，而且自身也可能存在管理制度不成熟、运营欠规范等风险。

4. _____平台仅为您提供公司及项目信息。虽然_____平台努力通过制定规则等方式使挂牌公司的信息披露真实有效，但_____平台对于这些信息的真实性、合法性、及时性和有效性不做担保，您对上述信息的理解和利用应当依赖您独立的思考、投资经验和投资判断。_____平台对投资收益不做任何承诺，同时对投资损失不承担任何责任。

二、风险揭示

参与_____平台的投资者要关注以下风险。

1．宏观经济风险。由于我国及周边国家、地区宏观经济环境和周边市场的变化，使挂牌公司的经营处于剧烈波动中，从而导致挂牌公司的价值不同程度的贬损，使您存在亏损的可能，您将不得不承担由此造成的损失。

2．政策风险。挂牌公司所处行业的法律、法规及相关政策发生变化，或者_____平台的交易规则发生变化，都可能引起挂牌公司经营和披露信息的波动，使您存在亏损的可能，您将不得不承担由此造成的损失。

3．公司经营风险。挂牌公司的内部管理和外部决策不在_____平台的控制范围内，_____平台只能在法律法规及_____平台业务规则允许的范围内尽可能完整地向您进行信息披露，在此基础上，您将不得不承担由于挂牌企业业务风险造成的损失。大部分公司处于种子期或初创期，规模较小，抗市场风险和行业风险的能力较弱，主营业务收入可能波动较大，这些在一定程度上容易影响该公司的价值，您将不得不承担由此造成的损失。

4．技术风险。由于_____平台的业务是通过电子通信技术和电脑技术实现的，这些技术存在着被网络黑客和计算机病毒攻击的可能，_____平台会尽力保障平台正常运行，但您将不得不承担由您的个人电脑终端故障或其他_____平台以外因素导致系统故障而造成的损失。

5．不可抗力因素导致的风险。如地震、火灾、水灾、战争等不可抗力因素可能导致交易系统的瘫痪，您将不得不承担由此导致的损失。

本风险告知函并不保证揭示本平台业务的全部投资风险。故在您参与此项业务前，应全面了解相关法律法规，认真阅读《_____平台使用协议》，并根据自身的投资目的、投资期限、投资经验、资产状况等判断是否具备相应的投资风险承受能力。

您已认真阅读本投资风险告知函，理解所告知的风险，并愿意承担投资风险给您造成的一切损失。

B.19 认证投资人使用协议

一、_____平台负责开立认证投资人账户，用于记载认证投资人的投资承诺及其变更信息，并提供认证投资人账户开户资料的查询、变更、挂失、补办、注销与合并等服务。

二、投资者在申请开立认证投资人账户前，应当仔细阅读本使用协议。投资者在申请认证投资人后，确认已经认真阅读本使用协议，并承诺完全接受本使用协议的各项条款。

三、对于拒绝同意本协议的投资者，_____平台有权拒绝为其开立认证投资人账户。

四、投资者应当遵守国家有关法律法规，不得利用本平台提供的信息及服务从事违法犯罪活动。

五、投资者应当提供真实、准确、完整、有效的身份证件、资格证书等开户注册资料，并对开户注册资料的真实性、准确性、完整性、有效性承担全部法律责任。

六、投资者应当对_____平台录入的开户注册资料的真实性、准确性、完整性、有效性予以确认并对录入的结果负责，如因注册资料虚假、遗漏而导致的损失和法律后果，_____平台免责。

七、认证投资人有效身份证明文件、资格证书等开户注册资料发生变化时，应当在变化当天向_____平台申请信息变更。否则，因此导致的经济损失和法律责任由认证投资人自行承担。

八、认证投资人保证对其账户的合法合规使用，并对该账户下的一切活动（包括但不限于投资承诺等）承担法律责任。认证投资人账户不得转借第三人，对因违规使用或将认证投资人账户转借他人，以及其他账户信息泄露情形导致的经济损失和法律责任由认证投资人承担。

九、_____平台应当对认证投资人注册的开户资料保密，但法律法规规定必须公开的除外。

十、_____平台仅对投资者所提供的开户注册资料的完整性，以及注册申请表所填写内容与身份证明文件相关内容是否一致进行审核。该审核并不表明对投资者所提供的开户资料做出真实性判断或者保证。对因下列情形所引起的法律纠纷，_____平台不承担责任。

1．申请人使用虚假资料开户。

2．违规使用他人合法证件开户。

3．涉嫌洗钱等违法犯罪。

4．依法被限制人身自由或剥夺政治权利的自然人会员和或正在申请破产、清算、有违法犯罪嫌疑的法人开户。

5．其他不适合开户的情形。

十一、因不可抗力而引起的注册错误，_____平台不承担任何责任。

十二、_____平台修订业务规则及本使用协议时，应当在平台公告，新规则自公告之日起生效。无须通知或征得每个认证投资人同意。认证投资人承诺按照修订后的业务规则执行。

B.20 领投人的资格认定及投资流程

_____平台采用领投加跟投模式进行项目投资,选拔专业的投资人作为领投人,负责项目的尽调、谈判、投后管理工作,跟投人作为财务投资人适当参与投资过程。

1. 领投人资格(满足下列任何一条即可)。

(1)两年以上天使基金、VC 基金、创投基金经理级以上岗位从业经验。

(2)有成功创业经历的独立投资人。

(3)有五个以上天使投资案例。

(4)法律法规成立的专业投资机构。

2. 领投人申请方式。

申请成为领投人需提供详细简历及成功案例,_____指派风控部门审核核实后,创业者与领投人互相确定(领投人与创业项目系关联方的须回避)。

3. 投资的流程。

具备领投人资格的投资人均可申请成为项目领投人,最终由项目方确定一个人选,其他均为跟投人;项目融资达到或超过预期融资额度时,投资人的投资款须存放在第三方支付机构,并委托专业律师完成尽职调查,尽职调查费用由投资人共同支付;尽职调查完成后,经领投人书面申请,由_____确认后,同意第三方将资金转入项目方账户。

4. 领投人的权利义务。

(1)协助项目完成跟投融资,获得项目 0.5%~1%的股权奖励(需要创业者书面同意)。

（2）领投人代表跟投人对项目进行投后管理，出任董事，参与董事会决策，向跟投人通报项目进展，获得 5%～10%的利益分成，具体比例根据项目方和领投人共同决定。

5．跟投人的权利义务。

（1）跟投人应是_____认证投资人。

（2）跟投人所获得的投资条款与领投人是一致的。

（3）跟投人应该确认向领投人支付 5%～10%的利益分成，具体比例根据项目方和领投人共同决定，但无须向领投人支付额外管理费。

（4）所有投资人都必须是实名制，创业者和领投人对跟投人的选择、份额的分配有最终决定权，如果超额认购，领投人和创业者可以优先选择对公司能够提供重要附加价值的、值得信赖的跟投。

参考文献

1. http://www.askci.com/news/hlw/20160517/1021570242_2.shtml
2. 刘志坚，吴珂. 众筹融资起源. 经营管理，2014.
3. http://www.yicai.com/news/3054695.html
4. 刘超，产品众筹中若干风险问题浅析. 现代经济信息，2015（6）.
5. 搜狐财经. 社群力量多值钱？罗辑思维估值 13.2 亿现身说法，http://business.sohu.com/20151021/n423791901.shtml